書けば貯まる！

共働きにピッタリな

一生モノの

# 家計管理

ファイナンシャルプランナー（CFP®）
塚越菜々子 著

SE
SHOEISHA

# はじめに

## 漠然とした不安を解決するために

共働き家計専門のファイナンシャル・プランナー（FP）としてご相談に携わるようになると、かつての自分と同じような悩みを抱えている方が多いことを知りました。

FPの勉強をする前の私といえば、夫婦二人で働いていたので特に暮らしには困らないし、お金もそこそこ貯まっている。夫は浪費家でもないし、すごくお金のかかる趣味もない。私もお金のことにとても苦手意識があるわけでもない。でも、なんでいつもなんとなく将来が不安なんだろう？と感じていました。

夫に話してみても「二人で働いているんだから何とかなるだろう」の一点張り。なんとなく予算を作ってみても破ってばかりで嫌になる。本やインターネットで家計管理について調べても、うちの場合とはちょっと違って参考にできない。

家計簿付けも、保険の見直しも、住宅ローンの見直しも、節約レシピも、キャッシュフロー表ですら当時の私を安心させてはくれませんでした。

それもそのはずです。家計管理は掃除や洗濯と同じように生きていくために必要な生活力のひとつでありながら、親のやり方を見ることも教わることもなく、基本的なことすら学校で学ぶ機会はほとんどありません。何をどうしたらうまく管理できるのかわからず、不安を抱えてしまうのも無理のないことです。

同じような悩みを抱えている人の力になりたいと、税理士事務所に勤務していた期間に培った「数字で評価し合理的に経営する」という視点と、FPとして培った「一人ひとりの価値観を反映させる」という両方の視点を盛り込んだのが、貯まる仕組みを作り上げる「家計改革プログラム」です。

この本は、その家計改革プログラムを基に書きました。

漠然とした不安を拭い去ることができないのは、収入が足りないわけでも努力が足りないわけでもありません。ただ、正しいステップで家計管理に取り組めていないだけなのです。

正しいステップとは、①現状を確認する　②過去のお金の使い方を確認する　③これからどんなお金を使っていきたいのか考えることです。そして何よりそれらを夫婦で共有することです。

「うちの家計ってどうなっているの？」「予算を立てても破ってばかり」「今の使い方で大丈夫？」「私ばかり不安でいる」このような問題は、収入を増やしたり時間をかけて勉強したりしなくても、正しい順番で書いて、見える化することで一気に解決できるのです。

「いまさらそんなこと」と思わずに、本書の書き込みシート【ステップ】に少しでも記入してみてください。

人生100年時代といわれ、これから先どんなことが起こるのか想像するのが難しい世の中になりました。だからこそ、どんな状況でもお金に支配されることなく自分の家計を整える一生モノの家計管理力を身に付けてほしい。そして、夫婦二人で力を合わせて働いて、夫婦二人で楽しむ人生を送っていくためにも、この本をご活用いただければ幸いです。

最後に、「貯まる仕組み」を作ることを通じて、将来の安心と仲の良い夫婦関係を実現できることを証明してくれた、家計改革プログラム受講生の皆さんに心から感謝いたします。

2020年11月
塚越 菜々子

# 目次

## 第3章 ボーナスの使い道と老後資金の必要額をチェックしましょう！



## 第4章 その他の必要預金額をチェックしましょう！



## 第5章 見直せる支出がないかチェックしましょう！

## 第6章 夫婦で貯まる仕組みを作りたい方からのよくあるご相談



### 【会員特典データのご案内】

誌面で掲載している書き込みシート【ステップ】は、以下のサイトからダウンロードできます。

https://www.shoeisha.co.jp/book/present/9784798167244

●注意

※会員特典データのファイルは圧縮されています。ダウンロードしたファイルをダブルクリックすると、ファイルが解凍され、利用いただけます。

※会員特典データのダウンロードには、SHOEISHA iD(翔泳社が運営する無料の会員制度)への会員登録が必要です。詳しくは、Webサイトをご覧ください。

※会員特典データに関する権利は著者および株式会社翔泳社が所有しています。許可なく配布したり、Webサイトに転載することはできません。

※会員特典データの提供は予告なく終了することがあります。あらかじめご了承ください。

●免責事項

※本書や会員特典データの記載内容は、2020年11月現在の法令・情報等に基づいています。

※会員特典データの提供にあたっては正確な記述につとめましたが、著者や出版社などのいずれも、その内容に対してなんらかの保証をするものではなく、内容やサンプルに基づくいかなる運用結果に関してもいっさいの責任を負いません。

※会員特典データで提供するファイルは、Microsoft Excel 2019で動作を確認しています。以前のバージョンでも利用できますが、一部機能が失われる可能性があります。

## 本書の進め方

本書では、第１章〜第４章を通して書き込みシートの【ステップ】を使いながら「貯まる家計」を作っていきます。各章でつながりがあるので、第１章から順番に【ステップ】を記入し、第４章の後半で「貯まる仕組みシート」を完成させましょう！

### 第１章　現在のわが家の健全度合いをチェック！

わが家の家計の現在地をチェックしよう！

### 第２章　何にお金を使ってきたかチェック！

わが家にピッタリな予算を考えよう！

### 第３章　貯める必要のあるお金をチェック！①

「いくらお金を貯めたらいいか」を計算しよう！

## 第4章　貯める必要のあるお金をチェック！②



ここまで計算してきた数字を基に「貯まる仕組みシート」を完成させよう。このシートで「いくら貯めて」「いくら使える」かが明確になり目的に応じたお金の置き場が見つかる！

## 第5章　見直せる支出がないかチェック！

預金を増やすには固定費の見直しがポイント！

**夫婦で家計を共有し、
共働きにピッタリな一生モノの家計が実現します。
第6章「よくあるご相談」もチェック！**

## 本書内容に関するお問い合わせについて

このたびは翔泳社の書籍をお買い上げいただき、誠にありがとうございます。弊社では、読者の皆様からのお問い合わせに適切に対応させていただくため、以下のガイドラインへのご協力をお願い致しております。下記項目をお読みいただき、手順に従ってお問い合わせください。

**●ご質問される前に**

弊社Webサイトの「正誤表」をご参照ください。これまでに判明した正誤や追加情報を掲載しています。

正誤表　https://www.shoeisha.co.jp/book/errata/

**●ご質問方法**

弊社Webサイトの「刊行物Q&A」をご利用ください。

刊行物Q&A　https://www.shoeisha.co.jp/book/qa/

インターネットをご利用でない場合は、FAXまたは郵便にて、下記“翔泳社 愛読者サービスセンター”までお問い合わせください。
電話でのご質問は、お受けしておりません。

**●回答について**

回答は、ご質問いただいた手段によってご返事申し上げます。ご質問の内容によっては、回答に数日ないしはそれ以上の期間を要する場合があります。

**●ご質問に際してのご注意**

本書の対象を越えるもの、記述個所を特定されないもの、また読者固有の環境に起因するご質問等にはお答えできませんので、予めご了承ください。

**●郵便物送付先およびFAX番号**

送付先住所　〒160-0006　東京都新宿区舟町5
FAX番号　03-5362-3818
宛先　（株）翔泳社 愛読者サービスセンター

**●免責事項**

※本書の記載内容は、一部を除き2020年11月現在の法令等に基づいています。
※本書の出版にあたっては正確な記述に努めましたが、著者および出版社のいずれも、本書の内容に対してなんらかの保証をするものではありません。また、内容やサンプルに基づく、いかなる運用結果に関してもいっさいの責任を負いません。
※本書に記載された商品・サービスの内容や価格、URL等は予告なく変更される場合があります。

# 第1章

# わが家の財産と
# 健全度合いを
# チェックしましょう！

# ライフプランは自分で作ってこそ安心

□漠然とした不安は数値化することで解消できます
□ライフプランは人生の羅針盤です
□ライフプランは自分で作るから意味があるのです

## 漠然とした不安は数値化して解消

共働きなのにあまり預金が増えていかない。これくらいの預金でいいのかな。こんなにお金を使っていていいのかな。でもそんなに贅沢をしているわけではないし……。こんな漠然とした不安をお持ちの方も多いのではないでしょうか。

毎日のお金について友達と話したり、親と話したりすることはそれほどないはずです。お金の専門家に相談しようと思ったところで、保険の見直しでもない、資産運用でもない、日々のお金のことは誰にどう相談したらいいのだろうか。

お金は毎日使い、一生離れることのできない身近なものですから、そのお金に対して不安を感じながら生きていくのはしんどいものですが、そういった漠然とした不安は数値化することで解消できます。

## 「ライフプラン」は人生の羅針盤

数値化する一つの方法が、「ライフプラン」を作ることです。ライフプランとは、そのまま訳せば「人生設計」となりますが、自分の人生で起こるかもしれない出来事を考え、それがいつ頃になりそうか、どれくらいのお金がかかりそうかと考え計画を立てることをいいます。

さらに、その計画に基づいてお金の収入や支出を表したものを「キャッシュフロー表」といいます。ただ、一般的にはキャッシュフロー表を作ることまでをまとめて「ライフプランを立てる」という場合も多いです。

ライフプランを立てることは、人生という長旅に羅針盤（コンパス）を持つということ。晴れの日もあれば嵐の日もある人生で、寄り道をしながらも目的地を目指すための大事なアイテムです。

## ライフプランを立てる力を身につける

昨今はさまざまなところでライフプランを作るサービスが、有料・無料問わずに提供されています。ですが、忘れてはいけないのは「自分の人生計画（プラン）は自分で立てるもの」ということです。

ライフプランの作成サービスはあくまで「一般的なデータを用い」「他人が作ったもの」です。かなり細かくシミュレーションできるツールもありますが、そもそもそこに入力しなければいけないわが家の金額を把握できていない人も多いです。そのような状態でライフプランを作ってもらっても、見方がわからない、作ったのに安心できないということが多いのが事実。自分が大事にしたいことや、お金をかけたいと思っていることと、ツールによる平均的な数値と自分の数値にずれがあると、たとえ計画通りに預金が進んだとしても満足感が下がってしまいます。

また、例えば「老後に1,500万円不足します」とシミュレーション結果が出たところで、じゃあどうしたらいいの？　何を変えたらいいの？　と途方に暮れてしまうことも多いものです。

本書では、一般的なライフプラン表は作成しませんが、「ライフプランを自分で作る力」を身につけることができます。

**ライフプラン作成で気を付けたい「マル」と「バツ」**

**【自分で作ると】**

- 数字の根拠がわかる
- わが家の優先順位で計画できる
- プランに変更があっても修正できる

**【作ってもらうと】**

- 何でこうなるのか理解しにくい
- 平均的な数字で計算される
- 数字にずれが出ると満足感が下がる

ほかの誰のものでもない「わが家」の資金計画を自分たちで作れるようになり、夫婦が大事にしたいものを優先させながら、一生困らない家計管理ができるようになることをゴールに、一つひとつステップを進めていきましょう。

# 共働きは「共通財布」で夫婦円満

- □家計管理は夫婦の話し合いが欠かせません
- □共働きは「共通財布」で信頼感を高めましょう
- □家計の話し合いは順番が大切です

## お金が貯まりやすいのは「共通財布」

預金がうまくできないというご相談は多いのですが、話を聞くと夫婦それぞれの収入や支出状況がまったくわかっておらず、そもそもお金について話し合いができていないということが多いのです。それでは夫婦のライフプランが立てられません。

そのような問題を解決するためには、夫婦どちらの収入も「家族のお金」とみなし、そこから支出や預金をする「共通財布」での管理がお勧めです。

家計がうまくいくためには「お互いへの信頼感」が不可欠。何かを隠した状態で信頼関係を築くことはできませんから、それぞれの収支を夫婦で明らかにし、一元管理することで「家計円満で夫婦円満」を目指していきましょう。

共通財布にしておくことで、お互いに家族のお金の流れを見ることができ、不満が生まれにくく預金や将来の計画が立てやすくなります。

どうしても共通財布にできないときは、夫婦で話し合って取り決めた金額を出し合ったり、食費や日用品費などの生活費のみ妻が管理したりするなどの方法もありますが、本書では、共通財布での管理の仕方で家計を整えていきます。

**共働き夫婦にお勧め！「共通財布」**

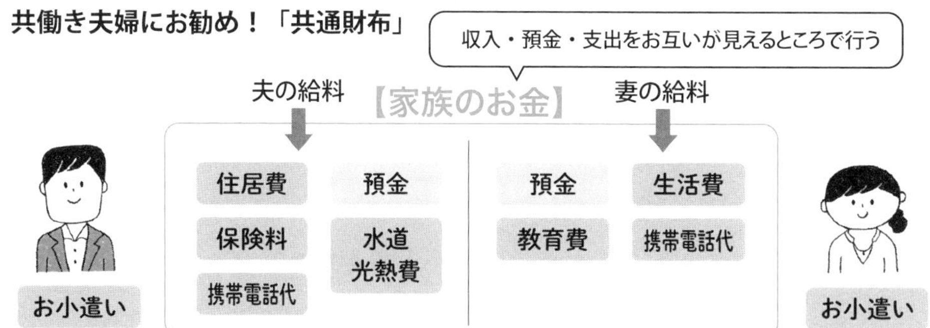

## 「共通財布」は話し合う順番が大切

気を付けていただきたいのは、共通財布というのは、お金を一つの口座に集めたり、何もかもの支出を明らかにすることではありません。夫婦であってもお互いに大人ですから「個人的な支出」については秘密があって当然。個人的な支出に口を出さなくて済むようにすることが重要です。そのためにも「家族のお金」「個人のお金（お小遣い）」を明確に分けていきます。

また、支出を減らして預金を増やそうと思ったときに一番やってはいけないのは、お小遣いから話し合いをしようとすることです。お小遣いをいくらにするかは根拠がないと納得しにくいものです。

根拠を明確にするためにまずは、子どもの教育やどんな暮らしがしたいかのビジョンを確認し、そこから必要な預金額を割り出します。この時に固定費や変動費などの支出を知る必要があります。そして最後に、個人で使えるお金（お小遣い）の話し合いをする手順で進めていきます。

本書を読み進めながら共通財布で家計全体を見渡せるようにし、夫婦で話し合いをする土台を作っていきましょう。

子どもたちの教育費は、どれくらいまでお金を出そうと思ってる？
老後はどこに住みたいとか、これはしたいと思っていることはある？

大学卒業ぐらいまでは面倒をみたいと思ってる。
できれば老後も今ぐらいの生活で、年に一度ぐらいは旅行をしたいと思ってる

そうだね。それを目指そうと思うと、今から１か月にだいたい○○万円ぐらいを貯めていく必要があると思うんだ。今、固定費が□□万円ぐらいかかっているから、その額を預金しようと思うと、変動費とお小遣いで ×× 万円使えるんだけど、お小遣いはいくらにしようか？

そうか……。だったら、今と同じ金額を小遣いで使ってると生活費が全然残らなくなるな。
子どもの教育費は削りたくないから、オレの小遣いは少し考えないとな……

# わが家の財産を確認

- □「お金がない」「お金がある」が本当か、確認しましょう
- □いきなり予算を立てるのはNGです
- □家計の現在地と目的地を決めてから動きましょう

## 「感覚」と「現実」の差を埋める

まずは、家計の見直しを行うときの大事な考え方を確認していきましょう。

どれくらいお金があれば安心かは人それぞれですが、お金のある・なしを感覚だけでとらえていることもよくあります。現実には大きな問題がないのにお金が足りないと悲観的になり過度に家計の引き締めをしたり、逆に定年が近く財産が少ないにもかかわらず支出に無頓着のまま使い続けたりするなど、自分の「感覚」だけで家計を把握している方を多く見かけます。実情と大きなずれが生じないよう、まずは「現実」を数字で確認することが大事です。

**よくある「感覚」と「現実」のギャップ**

| 感覚 | 現実 |
|---|---|
| •贅沢はしていないのにお金がない<br>•ボーナスが出ないからお金がない<br>•住宅ローンが毎月高い<br>•つい「お金がもったいない」と言ってしまう | •預金以外にも保険や投資信託などの財産がある<br>•ボーナスが出なくても、毎月の給料が高め<br>•定年前に住宅ローンは完済予定 |

| 感覚 | 現実 |
|---|---|
| •毎月お金を預金している<br>•ボーナスの金額も多い<br>•退職金もある<br>•共働きだから切り詰めなくてもなんとかなる | •貯めた預金をときどき取り崩している<br>•ボーナスに頼りすぎている<br>•退職金が確定拠出年金制度で金額を把握していない |

実際に筆者の家計相談でも、漠然とした不安から夫のお金の使い方が許せなかったり、仕事が忙しいときに買ってしまう出来合いのお惣菜など、そう多くはない出費にも罪悪感を抱いて苦しんだりしていた方がいました。

感覚と現実の差が大きくずれてしまうと、本来見直すべきところがどこなのかの判断がつきにくくなってしまうのです。このあとの【ステップ】（書き込みシート）で財産を洗い出すと現状がわかり、冷静な判断力を取り戻すことができます。

感覚ではなく現実を見えるようにすることで、大きな貯蓄効果が生まれるのです。

## 予算立てから始めない

お金を貯めよう！　と思ったときにやってしまいがちな間違いは、最初に予算を立ててしまうことです。予算を立てること自体は間違いではないのですが、予算から入ることが間違いなのです。ご相談を受けていて、食費や日用品費、娯楽費などの生活費についてうかがうと「1か月10万円でやりくりするようにしています」などと、予算を立てている人は多いのですが、それに対して自分の家の財産や収入をしっかりと把握できていなかったり、固定費がいくらなのか知らなかったりします。いくら使っていいか根拠がないとどうしても窮屈に感じたり、結局その予算を超えてしまいがちです。使えるお金を決める前に、どのくらいの財産があり、収入がいくらで固定費がいくらなのかを確認して、それから生活費の予算を考える必要があるのです。

**気を付けたい生活費の考え方「マル」と「バツ」**

預金や固定費を計算した結果
生活費は10万円使えます

生活費はとりあえず
10万円でやりくりします

## 現在地と目的地を確認する

どこかに向かうために必要なのは、「目的地」と「地図」です。さらにもっとも大事なのは「今どこにいるのか」という現在地です。どんなに詳細な地図であったとしても、自分の居場所がわからない限りは役に立ちません。

現状をしっかりと評価し、目的地までの距離を確認し、むやみに不安にならないために予算を立てるより何より、まずすべきは「わが家の財産の確認」です。

P.19からの【ステップ】で「何をどのように」記録していくのかご説明します。何度もやることではありませんので、まずは手を動かして記入していきましょう。

# 預金は「何に使う口座か」が大事

□家族のお金と個人のお金を分けましょう
□何に使っている口座かはっきりさせましょう
□使わない口座は整理・解約しましょう

## 家族のお金と個人のお金を分けておく

さっそく家計の財産状況を書き出す準備をしていきましょう。家計の財産を確認する手順で、もっとも手を付けやすいのが「預金」です。まずは家にある全ての通帳を一か所に集めましょう。夫名義の通帳、子ども名義の通帳も忘れずにチェックします。インターネット専業銀行や通帳がない口座などは少し大きめの付箋紙などを用意し、1枚1口座でリストアップしておくと良いでしょう。パッと把握しにくい定期預金、積立定期、財形貯蓄なども付箋紙を使い1口座としてチェックしていきます。

通帳などを集める際には独身時代の財産や親から贈与を受けているものなどの、いわゆる「へそくり」のようなものは書き出さなくて構いません。

家族と個人のお金が同じ口座で混ざっている場合は、手間でも別の口座に移動し「家族のお金」と「個人のお金」をしっかりと分けるようにしましょう。

## 支出はなるべく口座をまとめる

口座をリストアップしたら、次はその口座を「何に使っているか」振り返ってみます。例えば「給与振り込み」「住宅ローンを契約するために開設した口座」「子どもの学校や習い事の引き落としのための口座」「クレジットカードの引き落とし口座」……。このように、口座を利用している目的を考えてみるのです。

その時に一緒に検討してほしいのは「その口座でないとダメか」ということです。住宅ローンの支払いなどは移動が難しいかもしれませんが、クレジットカードや習い事などの引き落としは、できる限り口座をまとめてわかりやすくしておきましょう。そうすることで、このあとの【ステップ】でも支出の管理がしやすくなります。



## 使わない口座は解約する

口座の洗い出しをしていく中で、もう使っていない口座や必要のない口座が出てくるかもしれません。どうせほとんど残高はない、わざわざ解約するために遠くまで行くのは面倒、そんな理由で何もせずに放置してしまうと「休眠預金」となってしまいます。使わない口座はこの機会にすぐに解約を検討しましょう。

休眠預金になると解約手続きに時間や手間がかかります。また、相続のときにトラブルのもとになるほか、近い将来には使っていない口座にも手数料がかかる可能性も出てきます。スマートフォンアプリなどと銀行口座の連携が容易にできるようになってきたこともあり、不正に紐づけられて資産が盗まれたり、犯罪などに利用されても気づくことが遅れるリスクもあります。まずは次のチャートを見て「休眠預金」になっていないかチェックしましょう。

「休眠預金」確認チャート

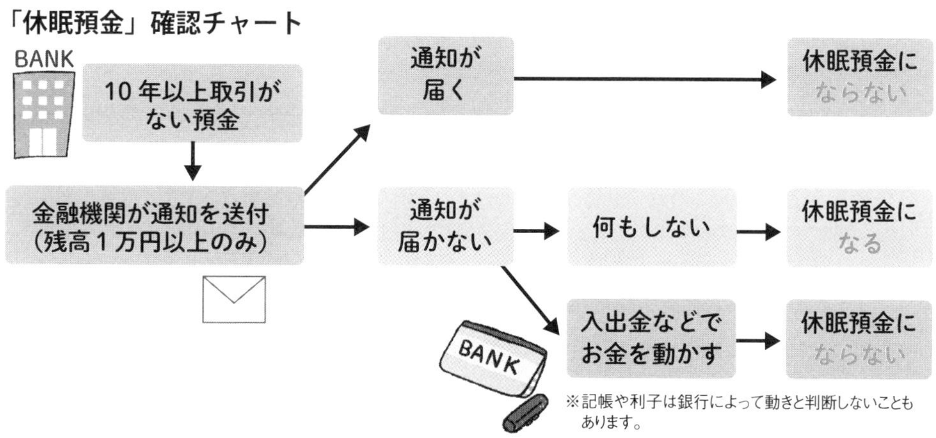


※記帳や利子は銀行によって動きと判断しないこともあります。

特に既婚の女性の場合、預金口座が旧姓のまま残っているということがよくあります。中でも転職や転勤、引っ越しなどが多かった方は、そのつど新たな金融機関で口座を開設していると使っていない預金口座がいくつもできています。全国に支店のある金融機関ならいいのですが、地方銀行や信用金庫などは、わざわざ姓の変更や改印をするために出向く機会を失ったまま口座もそのままになりがちです。

もし休眠状態になっているようなら「いつか使うかも」という考えはやめ、解約などの手続きをしてください。

# 【ステップ1-1】現金と預金を書き出す

## 現金と預金の全てを一覧化しましょう

ここでは、前節でピックアップした口座と現金を次ページの表【ステップ 1-1】にまとめていきます。たくさん数がある口座を一覧にしておくことで、合計額が一目でわかり「感覚」と「現実」の差を埋めると同時に、家族にも「どこに、いくらある」のか説明がしやすくなります。

### ● 次ページの表の書き方

◆「現金または銀行名（支店名）」欄：現金も忘れずチェックが必要です。お財布の中の細かい小銭などは省いても構いませんが、お祝いや緊急用に自宅に置いてあるお金や、タンス預金なども書き出しましょう。預金の場合は銀行名のほかにカッコ内に支店名を書きます。家族で同じ銀行に口座がいくつもあるときは「〇〇銀行①」「〇〇銀行②」などと書いておくと勘違いや混乱を防げます。

◆「預金の種類」欄：普通預金・定期預金・財形貯蓄など、どんな預金の種類かを記入します。

◆「口座番号」欄：通帳や証書などを確認し、正確に口座番号を記入します。証書など更新しているものに注意しましょう。家計管理では口座番号は必要ありませんが、一度詳細に記入しておくことで、家計の管理をしている側に万が一のことがあったときにはエンディングノートの財産目録代わりにもなります。

◆「契約日」「満期日」欄：定期預金や定期積立などの契約期間があれば記入しましょう。普通預金などは不要です。

◆「利率」欄：預金の利率を記入します。高いと思って預けた定期預金が、いつの間にか普通預金と変わらないぐらいだったということもあります。

◆「金額」欄：各口座の残高を記入します。口座間でお金の移動があると金額が重複してしまうので、どの口座も同じ日付の残高を調べるようにします。外貨建ての場合は現地通貨を記入します。外貨だとイメージしにくいので、調べた日の為替で日本円換算した金額も記入します。へそくりなど「個人のお金」に関しては金額は書かなくてもいいですが、銀行名（支店名）と口座番号だけでも書いておくとよいでしょう。

◆「備考」欄：口座を何のために使っているのかを記入します。例えば、「給与振り込み」「児童手当振り込み」「スイミング引き落とし」などです。また、100万円以上貯まっている口座は、そのお金を何に使うつもりかという用途（老後用・教育費用など）や、金額もメモしておきます。このメモは【ステップ 3-7】P.65、【ステップ 4-2】P.75 で使用します。

## 【ステップ 1-1】財産の確認①（現金・預金）

現金・預金

年　　月　　日現在

| 現金または銀行名（支店名） | 名義 | 預金の種類<br>口座番号 | 契約日<br>満期日 | 利率 | 金額 | 備考 |
|---|---|---|---|---|---|---|
| 現金 | | | | | 円 | |
| | | | | % | 円 | |
| | | | | % | 円 | |
| | | | | % | 円 | |
| | | | | % | 円 | |
| | | | | % | 円 | |
| | | | | % | 円 | |
| | | | | % | 円 | |
| | | | | % | 円 | |
| | | | | % | 円 | |
| | | | | % | 円 | |
| | | | | % | 円 | |
| | | | | % | 円 | |
| | | | | % | 円 | |
| | | | | % | 円 | |
| | | | | % | 円 | |

| | | |
|---|---|---|
| 現金合計 | 円 | |
| 普通預金合計 | 円 | |
| 定期預金合計 | 円 | |
| 財形貯蓄合計 | 円 | |

【ステップ 1-4】→
（P.29）
「流動資産」欄へ転記

# 保険や証券口座の財産も確認

- □保険に貯まっているお金も財産です
- □保険の解約返戻金を調べてみましょう
- □投資信託や株式も今の価値で確認しましょう

## 貯蓄性のある保険も財産

ここからは、P.23【ステップ 1-2】の表を記入する前段階として預金以外の財産の確認を行います。財産には、通帳の残高を見ただけでわかる預金と違い、パッと見てわかりにくいものもあります。それが保険の中にある財産です。「積立タイプ」であっても「掛け捨てタイプ」と同じように口座などから支払っているため「貯まっている」と感じにくいものですが、想像以上に財産として積み上がっていることもあるのです。

財産になる保険とは、解約したときに「解約返戻金がある」ものです。財産とみなす保険の代表的なものは「終身保険」「変額保険」「学資保険」「個人年金保険」などです。保険証券を確認してみて、解約返戻金があるかをチェックしましょう。収入保障保険や定期保険は掛け捨てのことが多いため、基本的には財産とはみなされません。

解約返戻金は、ほとんどの場合が保険証券に記載されています。保険を契約するときにもらった設計書などに記載してあることも多いです。契約した時期からの経過年数や契約者の年齢などを見ながら、今解約した場合どのくらいの解約返戻金が受け取れるのかを、【ステップ 1-2】を記入するにあたり確認してみます。

**解約返戻金の記載例** ※契約の内容を変更した場合、返戻金が異なることがあります。

| 経過年数 | 解約返戻金額 | 経過年数 | 解約返戻金額 |
|---|---|---|---|
| 1年目 | 59,829 円 | 6年目 | 555,587 円 |
| 2年目 | 153,025 円 | 7年目 | 735,200 円 |
| 3年目 | 249,101 円 | 8年目 | 939,165 円 |
| 4年目 | 348,140 円 | 9年目 | 1,166,884 円 |
| 5年目 | 450,262 円 | 10年目 | 1,417,470 円 |

契約からの年数をチェック！解約したときに戻るお金が解約返戻金です

もし、保険の種類や、解約返戻金があるのかないのかもわからなかったら大変です。保険証券を準備して、加入手続きをした保険代理店や保険会社の担当者にきちんと理解できるまで聞きましょう。自分の財産なのによくわからないということのないように、ここで一度整理しておくことをお勧めします。

## 投資信託や株式も今の金額を見てみる

iDeCo（イデコ）（個人型確定拠出年金）やつみたてNISA（ニーサ）など、自分の意志で運用を始めている場合は「見方がわからない」ということはあまりないと思います。ですが、何となく誰かから言われて始めていたり、親から引き継いだ財産などの場合はそもそもいくらの価値があるのかすらわからなくなっているケースも見受けられます。どこに、どんな種類で、今いくらの株や投資信託があるのかをこの機会に確認しましょう。

ウェブサイトから自分の口座（アカウント）にログインすると「資産残高」や「保有商品一覧」などが表示されます。その中の評価額が現在の価値です。DC/401k（企業型確定拠出年金）に加入している方も忘れずにチェックを行いましょう。

これらの評価額を記入するときも、本来は預金の残高を書いた日付とそろえたいところですが、値動きのあるものは過去の数字を把握するのは難しいのでログインした日付でもいいでしょう。

**投資信託（つみたてNISA）の表示例**

この金額をチェック

| ファンド名 | 買付日 | 数量 | 参考単価 | 取得単価 | 現在値 | 損益 | 評価額 |
|---|---|---|---|---|---|---|---|
| ★★TOPIX インデックス | '-/-/- | 81,585 | 10,609 | 10,012 | 12,034 | +20.20% | 98,179 |

**iDeCo（個人型確定拠出年金）の表示例**

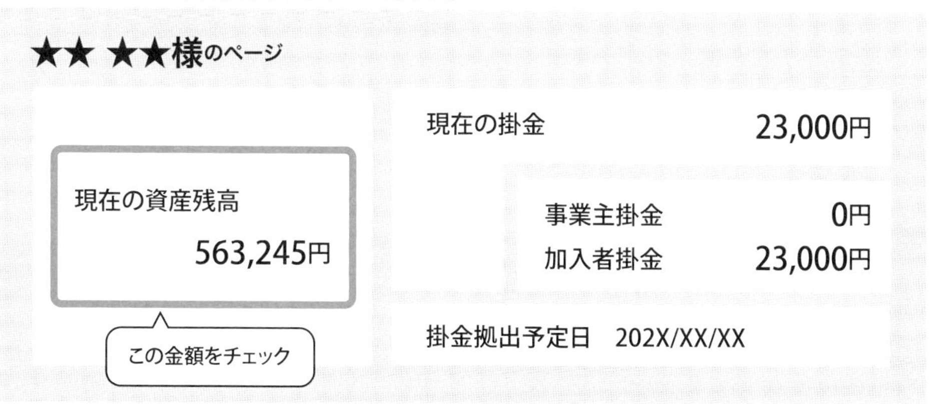

【ステップ1-2】
# 株や保険、不動産などを書き出す

## 見えにくい財産を一覧にする

この【ステップ1-2】では、現金や預金と違い財産の価値がパッと見えにくい「株・投資信託」「確定拠出年金」「保険」「不動産・車」を一覧にしておきます。「これも財産なんだ」「意外とある」と思えることで、より冷静にわが家の家計が分析ができるようになっていきます。次ページの表の書き方とその注意点は、次のとおりです。

◆「株・投資信託」欄：「銘柄」欄には、保有している商品の名前を書きましょう。数が多い場合は株・投資信託など種類ごとにまとめても構いません。「種類」欄には、特定口座・NISAなどの口座の種類を記入します。「評価額」欄には、P.21の「投資信託（つみたてNISA）の表示例」を参考に、現在の評価額を書きましょう。

◆「確定拠出年金（iDeCo・DC）」欄：「拠出金累計額」「資産残高」欄は、ウェブサイトの自分の口座にログインし、口座ごとに記入します。

◆「保険」欄：「種類」欄には、終身保険・個人年金保険など保険証券に記載してある内容を書きます。保険の種類ではなく商品名が書いてあることもあるので注意が必要です。「解約返戻金」欄は、記入日ピッタリで計算するのが難しいため、保険証券に書いてある範囲で一番近い時期の額で構いません。払込期間が決まっていたり、すでに払い済みになっていたりするものは欄外に書いておくと良いでしょう。

◆「不動産・車」欄：不動産が共有財産という場合は持ち分を記入するか、夫婦それぞれの持ち分で１行ずつ書いてもいいです。
「買った価格」欄は、マイホームであれば頭金も含めた土地・建物の金額です。車は前の車の下取り額がある場合は、次回の参考に欄外に記入しておくと良いでしょう。
「今の価格」欄は、「もし今売却したらいくらぐらいで売れるか」がわかれば、おおよその金額を記入し、わからない場合は固定資産税の通知書に書いてある固定資産税評価額を記入します。どれもわからなければ購入時の価格×0.7程度でも構いません。車も大まかな下取り価格で問題ないので、「今の価格」欄に記入しておくことが大事です。

## 【ステップ 1-2】財産の確認②（株・投資信託・確定拠出年金・保険・不動産・車）



### 株・投資信託

| 銘柄 | 名義 | 種類 | 購入日 | 購入価格 | 評価額 |
|---|---|---|---|---|---|
| | | | | 円 | 円 |
| | | | | 円 | 円 |
| | | | | 円 | 円 |
| | | | | 円 | 円 |

【ステップ 1-4】（P.29）「固定資産」欄へ転記 → 評価額合計 円

### 確定拠出年金（iDeCo・DC）

| 金融機関名 | 名義 | 拠出金累計額 | 資産残高 |
|---|---|---|---|
| | | 円 | 円 |
| | | 円 | 円 |
| | | 円 | 円 |

【ステップ 1-4】（P.29）「固定資産」欄へ転記 → 資産残高合計 円

### 保険

| 会社名 | 名義 | 種類<br>証券番号 | 契約日<br>満期日 | これまでに払った金額 | 解約返戻金 |
|---|---|---|---|---|---|
| | | | | 円 | 円 |
| | | | | 円 | 円 |
| | | | | 円 | 円 |
| | | | | 円 | 円 |
| | | | | 円 | 円 |

【ステップ 1-4】（P.29）「固定資産」欄へ転記 → 解約返戻金合計 円

### 不動産・車

| 内容 | 名義 | 種類 | 購入日 | 買った価格 | 今の価格 |
|---|---|---|---|---|---|
| | | | | 円 | 円 |
| | | | | 円 | 円 |
| | | | | 円 | 円 |

【ステップ 1-4】（P.29）「固定資産」欄へ転記 → 今の価格合計 円

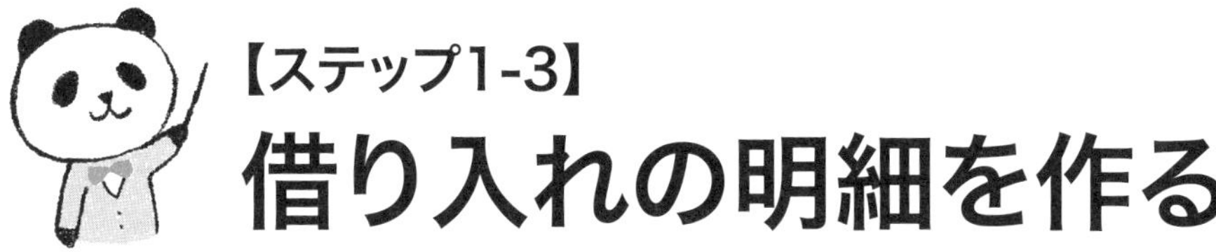

# 【ステップ1-3】借り入れの明細を作る

## マイナスの財産もわが家の一部

借り入れなどのマイナスの財産は預金などの財産と違い、トータル金額の把握を怠りがちです。この【ステップ 1-3】では、「住宅ローン」「自動車ローン」などの５種類のマイナスの財産をしっかり把握し、家計の健全度合いの判断に役立てていきます。次ページの表の書き方とその注意点は、次のとおりです。

◆「住宅ローン」欄：「住宅ローン」は、契約ごとに分けて記入しましょう。戸建てやマンションであっても夫婦それぞれの名義で借りているときや、手付金、中間金などで契約が分かれているときはそれぞれ契約ごとに記入します。「名義」欄は、「ペアローン」「連帯債務」などになっていないかを確認し「誰の名義か」を把握して記入します。「利率」欄は、利率のほかに「変動金利」「10年固定」など、借り入れ条件もしっかりと確認して記入することが大事です。途中で借り換えなどをしているときは最新の情報を見るようにします。

◆「自動車ローン」欄：「自動車ローン」は、通常の分割払い以外にも最近は残価設定タイプのローンもあります。残価設定がある契約は、欄外に残価の金額や期日を記入しておくと良いでしょう。

◆「奨学金」欄：「利率」欄は、定期的に届くお知らせなどを参考に、無利息の奨学金の場合は０％、有利子の場合はその利率を記入します。「借りた額」欄には、当初借りた金額を記入しましょう。

◆「契約者貸付」欄：「保険の種類」欄には、どの保険契約から借りたかを記入します。「今の借入残高」欄は、現時点で返済が必要な額を記入しましょう。残高や利率がはっきりしない場合は、必ず保険会社に問い合わせをして明確にしておきましょう。

◆「その他ローン」欄：「その他ローン」は、キャッシングや消費者ローンなど他者からの借り入れのほかに、親からお金を借りたなどの身内からの借り入れも記入します。住宅ローンや自動車ローン以外の借り入れは利率が高いことも多いので、該当する借り入れがあるときは漏れなく記入してください。

## 【ステップ 1-3】財産の確認③（借り入れ）

### 住宅ローン

| 銀行（支店）名 | 名義 | 契約日 | 利率 | 借りた額 | 今の借入残高 |
|---|---|---|---|---|---|
| | | | % | 円 | 円 |
| | | | % | 円 | 円 |
| | | | % | 円 | 円 |
| | | | % | 円 | 円 |

【ステップ 1-4】（P.29）「負債」欄へ転記 → 今の借入残高合計　円

### 自動車ローン

| 種類 | 名義 | 購入日 | 利率 | 借りた額 | 今の借入残高 |
|---|---|---|---|---|---|
| | | | % | 円 | 円 |
| | | | % | 円 | 円 |

【ステップ 1-4】（P.29）「負債」欄へ転記 → 今の借入残高合計　円

### 奨学金

| 借入先 | 名義 | 利率 | 借りた額 | 今の借入残高 |
|---|---|---|---|---|
| | | % | 円 | 円 |
| | | % | 円 | 円 |

【ステップ 1-4】（P.29）「負債」欄へ転記 → 今の借入残高合計　円

### 契約者貸付

| 保険の種類 | 名義 | 利用日 | 利率 | 借りた額 | 今の借入残高 |
|---|---|---|---|---|---|
| | | | % | 円 | 円 |
| | | | % | 円 | 円 |

【ステップ 1-4】（P.29）「負債」欄へ転記 → 今の借入残高合計　円

### その他ローン

| 種類 | 名義 | 利用日 | 利率 | 借りた額 | 今の借入残高 |
|---|---|---|---|---|---|
| | | | % | 円 | 円 |
| | | | % | 円 | 円 |

【ステップ 1-4】（P.29）「負債」欄へ転記 → 今の借入残高合計　円

# 家計の健全度合いを「純資産」で評価する

- □バランスシートで家計の健康診断をしましょう
- □毎年純資産が増えていくようにしましょう
- □純資産は定年時に一番多くなることを目指しましょう

## 家計の健康診断をしましょう

ここからは､これまで集めてきた情報を使ってバランスシートを作っていきます｡バランスシートとは「貸借対照表」ともいい、会社の決算のときに作る書類なので「会社の健康診断書」のようなものです。ここでは「家計の健康診断書」ぐらいに考えてください。このシートを見る上で大事なのは、わかりやすい預金残高だけではなく全体の数字で見ること。特に重要なのが、プラスの財産からマイナスの財産を差し引いた「純資産」の数字です。預金や株などプラスの財産が 1,000 万円あったとしても、ローンの残高が 1,500 万円あれば純資産は 500 万円マイナス。つまり債務超過の状態ということです。住宅ローンなどの大きな借り入れがあると債務超過の状態になることは決して珍しいことではありませんが、ずっとこれが続くようでは、会社だったら破綻するように、家計も破産してしまいます。

**家計のバランスシート**

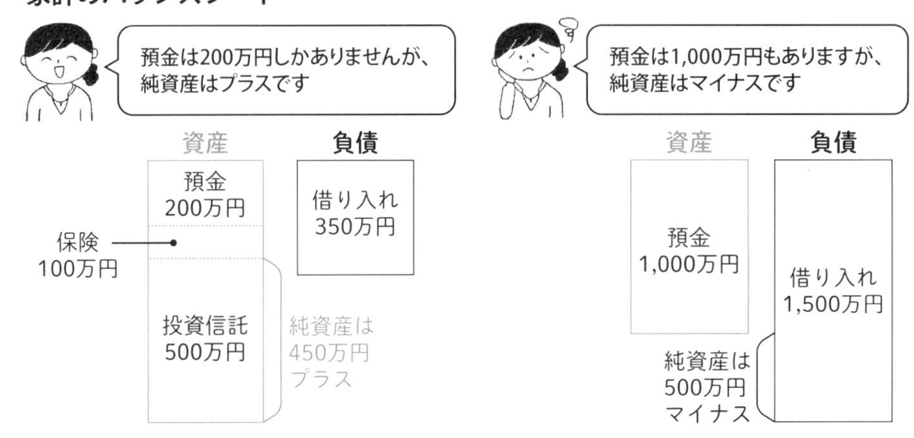

## 黒字の家計で純資産を増やしましょう

債務超過の状態を解消し、家計を安全に「経営」していくためには純資産を増やしていくことが大切です。そのためには借金を減らしていくことがまず大きな目標となるでしょう。となると、住宅ローンの繰り上げ返済をしたら借金は減るのではないかと考えるかもしれませんが、それでは「住宅ローン」というマイナスの財産が減った分、「預金」というプラスの財産も減ってしまうので、純資産は増えません。純資産を増やすために必要なのは「収入＞支出」で、家計で黒字を出すことです。今、純資産がマイナスでも慌てることはありませんが、最低でも１年間を通して見たときに昨年より純資産が増える家計を目指していきましょう。

## 純資産は定年時に一番多くなることを目指す

純資産のピークは定年ごろを目標にしておきます。いくつまでも働きたいと考えている人も増えている一方、次図のように寿命と健康寿命には開きがあるので寿命まで働ける人は多くありません。

**寿命と健康寿命**

| | 寿命 | | 健康寿命 |
|---|---|---|---|
| 女性 | 87.45歳 | 9～12年間 | 75歳 |
| 男性 | 81.41歳 | | 72歳 |

**収入を得られる期間には限りがある！**

（出典）厚生労働省「令和元年簡易生命表の概況」、金融審議会 市場ワーキング・グループ報告書「高齢社会における資産形成・管理」より筆者作成。

会社の定年年齢が純資産のピークになるよう計画することが、一つの目安になります。会社によっては役職定年などで管理職の手当てがなくなったり、60歳以降は再雇用となり収入が大きく減ったりすることもあります。収入が減り始める年齢を確認し、今からそこまでの期間を意識しておくことが大事です。自営業などで定年年齢がないという場合も「60歳」「65歳」「70歳」など自分の中で区切りをつけておきます。

まずは現状のバランスシートを記入し、家計の健全度合いを確認しましょう。マイナスが大きく、定年までの期間が短いほど早急な対策が必要になります。

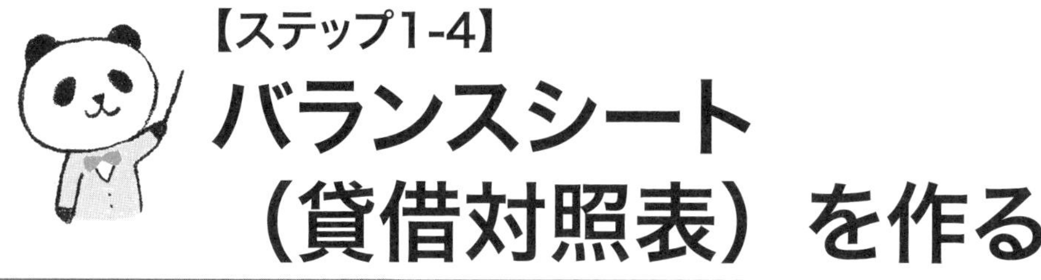

【ステップ1-4】

# バランスシート（貸借対照表）を作る

## 家計全体のバランスをチェックしましょう

ここでは、バランスシート（貸借対照表）を記入して家計の健全度合いを見てみましょう。今まで計算した【ステップ】の金額を、次ページの【ステップ 1-4】の該当するところに書き写していきます。表の書き方とその注意点は、次のとおりです。

◆「資産（プラスの財産）」欄：すぐ現金に変えられる「流動資産」と、すぐには現金に変えにくい「固定資産」に分類していきます。
流動資産には現金や預金、財形貯蓄を記入します。
固定資産には株・投資信託や、60歳以降にならないと原則として現金化できない確定拠出年金、換金しにくい貯蓄型の保険、不動産・車も入れていきます。
流動資産と固定資産のどちらに入れるか判断に困ってしまったら、「1年以内に確実に現金に変わるか」というポイントで分けてみてください。1年以内に現金化できるのが流動資産です。誰かに提出するものではありませんから、細かいところにこだわりすぎず大局をつかむことを優先しましょう。

◆「負債（マイナスの財産）」欄：右側にはローンなどのマイナスの財産を記載します。本来は負債も「流動負債」と「固定負債」に分けるのが正確なやり方ですが、ここではまとめて記入してしまいます。

◆「純資産（資産合計－負債合計）」欄：資産と負債の両方が記入できたらそれぞれの合計を相殺しましょう。その金額が純資産になります。「本当に自分が持っているもの」ということです。
資産の合計より負債の合計が大きければ純資産はマイナスになり、借り入れ過剰の状態です。
このバランスシートは年に一度は記入してみましょう。前年に比べて「純資産」が増えているかをチェックすることで家計の「経営」がうまくいっているかの判断材料になります。

**【ステップ 1-4】バランスシート（貸借対照表）の見方**

「資産合計」に対する「純資産」の割合が家計の健全性を表しています。
住宅ローンのある子育て世帯では「純資産 ÷ 資産合計 ×100」が 20 ～ 30%に保たれているかを確認し、それを下回るときは預金を増やすなどの対策を行いましょう。

## 【ステップ 1-4】バランスシート（貸借対照表）を作る

年　月　日現在

| 資産（プラスの財産） | | | | 負債（マイナスの財産） | | |
|---|---|---|---|---|---|---|
| 流動資産 | 【ステップ1-1】（P.19）各項目の合計から転記 | 現金 | 円 | 【ステップ1-3】（P.25）各項目の合計から転記 | 住宅ローン | 円 |
| | | 普通預金 | 円 | | 自動車ローン | 円 |
| | | 定期預金 | 円 | | 奨学金 | 円 |
| | | 財形貯蓄 | 円 | | 契約者貸付 | 円 |
| 固定資産 | 【ステップ1-2】（P.23）各項目の合計から転記 | 株・投資信託 | 円 | | その他ローン | 円 |
| | | 確定拠出年金 | 円 | 負債合計 | | 円 |
| | | 保険 | 円 | | | |
| | | 不動産・車 | 円 | | | |
| 資産合計 | | | 円 | 純資産（資産合計－負債合計） | | 円 |
| | | | | ＋－ | | 円 |

前年と比較した純資産の増減額を記入します（前年がわからない場合は空欄で構いません）

## バランスに気を付けたい持株制度

家計の資産の中で、株式をチェックしているときに忘れがちなものが「従業員持株制度」の株式です。

持株制度は、勤めている会社の株式を毎月一定額を出して買っていく仕組みです。株式投資をしたことがない人でも抵抗感が少なく始められることや、会社が社員に積極的に加入を勧めていることもあり「とりあえず」「何となく」という感じで積み立てている人も多いかもしれません。

持株制度のメリットは、一般の株式投資に比べて少額から始められ、給与天引きで積み立てられるため先取り預金のように意識せずに資産を増やせることです。多くの会社で持株制度への奨励金が付与されており、結果的に安く会社の株式を買うことができるようになっています。入社してからずっと積み立ててきて、知らないうちに大きな資産ができていたと気づくことも少なくありません。

しかし、奨励金の割合が高くお得だからと月に何万円も積み立てていくのは少し危険です。なぜなら、あまりに自社の持ち株の割合が増えていくと、その会社で働いて受け取る「給料（収入）」と持ち株という「資産」のどちらも同じ会社に頼ることになってしまいます。

もし仮に会社が倒産するようなことがあれば、給与はなくなり株式の価値もなくなるという二重の影響があります。また積み立てることは簡単でも、引き出して現金に変えるのには通常の株式より手間がかかるなどの勝手の悪さもあります。持株会を通して買っていたとしても株式投資に変わりはありませんから、会社の株価が下がっていれば資産としての価値は下がっていきます。

**【メリット】**

- 少額から投資できる
- 給与天引きで継続しやすい
- 奨励金があることも

**【注意点】**

- 給与と資産の両方が一社に集中する
- 現金化に時間がかかる
- 利益が出るとは限らない

持株会は奨励金によっては有利な制度ではありますが、収入や家計の財産など全体のバランスに気を付けて利用したいところです。

# 第2章

# 何にお金を使ってきたか チェックしましょう！

# 貯まらない原因になる特別支出

☐年払いなどの「特別支出」は要チェック
☐特別支出こそが貯まらない原因です
☐見落とされがちな支出こそ丁寧に

## お金が貯まらない原因

第１章では「今のわが家の家計」の状態を洗い出してきました。ここからは「この１年のお金の使い方」を洗い出していきましょう。直近のお金の使い方を把握することが予算立てに大きな影響を及ぼします。

まずはこの１年の「特別支出」の洗い出しを行いますが、次のような支出を特別支出といいます。

**特別支出とは**

- **毎月決まって払う支出とは違い、年に一度や数年に一度、あるいは不定期に支払うもの**
- **毎月あるわけではないけれど、年間を通じて考えるとほぼ確実に支払うもの**

例えば、毎月の「食費」「日用品費」などの生活費は、大まかな予算を決めて把握できているご家庭も多いですが、それを 3,000 ～ 5,000 円も超えてしまうと、「超えた」「使いすぎた」と感じるもの。それにもかかわらず同じ月に３～４万円の自動車税を払って家計が赤字になっても、それを「使いすぎた」とはあまり感じません。心のどこかで「いつもは払わない」「特別だから仕方ない」と支出から度外視してしまうのです。こういった支出のことを特別支出といいます。

固定資産税や車関係の費用、年払いの保険などのような特別支出こそが「なぜかお金が貯まらない」「貯めたはずだが年間で見るとあまり貯まっていない」などとなる原因です。

## 特に見逃されがちな特別支出

毎年決まった時期の年払いの支出などはすでに貯めているかもしれません。ところが、定期的に払っているのに意外と忘れているのが、次のような支出です。これらが「毎年や数年に一度支出するもの」だとしたら、特別支出としてしっかり洗い出しをして備えておくことが肝心です。

### 準備を忘れやすい特別支出

- 地震保険料、火災保険料
- 家電などの買い換え費用
- お年玉
- クリスマスや誕生日、記念日のプレゼント
- 帰省費用
- 長期休み中の外食や外出費用

実際に次節で洗い出し作業を行う前に、次に特別支出の記入例を掲載しておきます。「絶対に支払いが必要なもの」「ゆとりや娯楽で使ったもの」を分けて考えられるといいと思います。万が一ボーナスがなくなったり、収入が少なくなったりしたときにはやめてもいいものは、ゆとりや娯楽と判断するといいでしょう。

**昨年の特別支出（例）**

| 月 | 内容 | 金額 | 月 | 内容 | 金額 |
|---|---|---|---|---|---|
| 1月 | お年玉<br>結婚記念日 | 10,000円<br>20,000円 | 7月 | サマーキャンプ | 100,000円 |
| 2月 | バレンタイン | 10,000円 | 8月 | 帰省（夏） | 150,000円 |
| 3月 | 帰省（春）<br>ホワイトデー | 50,000円<br>20,000円 | 9月 | 車検・車保険 | 126,000円 |
| 4月 | ○○生命 | 168,000円 | 10月 | ハロウィーン | 10,000円 |
| 5月 | 固定資産税<br>★▲生命 | 120,000円<br>115,000円 | 11月 | 誕生日×2 | 15,000円 |
| 6月 | 自動車税<br>父の日 | 35,000円<br>5,000円 | 12月 | クリスマス<br>年末年始帰省 | 30,000円<br>100,000円 |

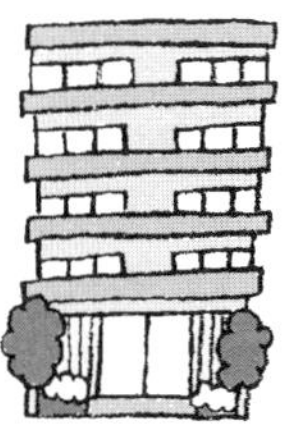

## 【ステップ2-1】この1年の特別支出を振り返る

### 1年間の特別支出を洗い出す

特別支出がどんなものかわかったところで、次ページの表【ステップ 2-1】を使って特別支出の洗い出し作業をします。車を持っていたり、保険を年払いにしていたりする家計などでは、給料の手取り額の 1 割近くが特別支出であることは珍しくありませんし、年間では 100 万円近い金額になることもよくあるので金額の多さに驚くかもしれません。もし「昨年はなかったけど一昨年はあった」などの支出を思い出したら、表の一番最後の空欄に記入しておくと今後予算を立てるときに役立ちます。

#### ● 次ページの表の書き方

◆「内容」欄：税金や保険などの金額の決まった支払い以外にイベントも書き出します。また、クリスマスのように「プレゼント代」「外食代」など支払いが一つではないこともあります。厳密な計算は必要ありませんが「クリスマス・イベント代」として、プレゼント代や外食代を合わせるといくらぐらいの支出があったのか書いておきましょう。

◆「金額」欄：特別支出は金額が大きいわりに「覚えていない」ことが特に多い支出です。記憶だけに頼って書こうとすると大きな支出が漏れがち。家計簿をつけているのなら家計簿から、つけていないときは通帳やクレジットカードの明細などをさかのぼって確認してみましょう。特にボーナスの時期などにまとめて払っていたりすることがあるので、夏や冬の時期は特に要チェックです。
また、引き落としの設定をしているものはさかのぼると見つかることが多いですが、「口座から現金を引き出して払った」ものは通帳には記録が残りません。今回は記憶を頼りにどうにかなるかもしれませんが、今後は口座から引き出して払うものに関しては、通帳にメモを残しておくとよいでしょう。

#### 特別支出の内容例

◆**住宅関連**：更新料／引っ越し代／修繕費／固定資産税／火災保険料／地震保険料

◆**交際関連**：お中元・お歳暮／母の日・父の日／敬老の日／ご祝儀／香典／出産祝い／歓送迎会

◆**子ども関連**：年払いの習い事／発表会費／夏期講習・冬期講習／部活などの合宿・部費／受検・検定料／ユニフォーム

◆**車・保険関連**：年払い生命保険料／自動車税／車検代／自動車保険料

◆**家族関連**：帰省費用／誕生日／バレンタインデー／クリスマス／結婚記念日

◆**旅行関連**：旅行費用／コンサート／スポーツイベント

## 【ステップ 2-1】昨年の特別支出を計算

| 月 | 内容 | 金額 | 月 | 内容 | 金額 |
|---|---|---|---|---|---|
| 1月 | | | 7月 | | |
| 2月 | | | 8月 | | |
| 3月 | | | 9月 | | |
| 4月 | | | 10月 | | |
| 5月 | | | 11月 | | |
| 6月 | | | 12月 | | |
| | | | | | |

【ステップ2-2】

# ボーナスの使い道を振り返る

## この1年のボーナスを振り返る

特別支出を振り返ったあとは、前回とその前の直近2回分のボーナスの使い道も次ページの【ステップ2-2】を使って振り返ってみましょう。特別支出をボーナスで支払っていることもあるかもしれません。また、直近1年間に夏冬以外の決算賞与や特別賞与などがあれば、それもボーナスとして使い道を記録していきましょう。

● 次ページの表の記入例

| | 入金額 | 使い道 |
|---|---|---|
| 夏ボーナス | 夫（ 6 月 30日）<br>310,000円<br>妻（ 6 月 30日）<br>240,000円 | 財形 ……… 50,000円<br>団体保険料 ……… 3,000円<br>個人へ ……… 60,000円<br>旅行ほか ……… 87,000円<br>預金（老後）……… 350,000円 |
| | 合計 550,000円 | 合計 550,000円 |

## 表の記入の注意点

上の表のように、左列の「入金額」と右列の「使い道」の合計は必ず一致するようにします。消費だけではなく預金も使い道の一つとみなして、ボーナスの手取り額に「あまり」が出ないようにしましょう。ボーナスから天引きされて、団体保険料や確定拠出年金掛金を支払っていたり、財形貯蓄を上乗せしていたりするケースもあります。税金と社会保険料以外で天引きされて支払ったものは、使い道に記入します。

何に使ったかまったく思い出すことができないときは通帳の残高をよく確認します。ボーナスで増えた額と同程度の残高がずっと続いているのなら、そのまま預金されている状態だとみなしていいでしょうし、少しずつ残高が減っているなら生活費に補てんされていると考えられます。その時は「生活費補てん」と記入しておきます。

**【ステップ 2-2】過去のボーナスの使い道を計算**

| | 入金額 | 使い道 |
|---|---|---|
| 夏ボーナス | 夫（　月　日）<br>円<br>妻（　月　日）<br>円 | |
| | 合計　円 | 合計　円 |

| | 入金額 | 使い道 |
|---|---|---|
| 冬ボーナス | 夫（　月　日）<br>円<br>妻（　月　日）<br>円 | |
| | 合計　円 | 合計　円 |

| | 入金額 | 使い道 |
|---|---|---|
| その他 | 夫（　月　日）<br>円<br>妻（　月　日）<br>円 | |
| | 合計　円 | 合計　円 |

# 昨年の収支を丁寧に洗い出す

- □予算より先に今のお金の使い方を確認しましょう
- □1年間にいくら預金できたか把握しましょう
- □変動費より固定費をしっかりチェックしましょう

## こんな挫折に心当たりはありませんか？

ここまでは特別支出とボーナスの洗い出しを行いましたが、ここからはいよいよ「普段の収支」の洗い出しを行っていきます。過ぎたことを調べて何になるの？　と思いがちですが、ここを省略して予算立てをしてしまうことが原因で家計管理がうまくいかず挫折してしまうことがよくあります。

もし、次のようなことに心当たりがあるのなら、悪いのはあなたではなく、家計管理に取り組む順番に問題があるのかもしれません。

**よくある家計管理のお悩み**

- そんなに贅沢していないはずなのに、お金が貯まらない
- 生活費の予算目標を立てても、いつも足りなくなってしまう
- 家計簿をつけてみても、結局足りないことがわかるだけで嫌になる
- 生活費を使いすぎじゃないかと、相手に責められる

## 破らない予算を作るためには

「お金を貯めよう」「支出をコントロールしよう」とするときに、やってはいけないのは「最初に予算を立てる」ことです。全体像を把握せずに家計を管理すると家計の本来の問題を見逃すことにもなります。また、とりあえず予算を立てたものの、毎月その中に収まらずに今月も使いすぎてしまったという状態は、家計管理を面倒なものにし本末転倒になってしまいます。破らない予算を作るためにまず必要なのは、「過去の収入」「過去の使い方」をありのままに確認することです。

# 【ステップ2-3】
# 昨年の収支実態を書き出す

## 直近12か月分の収支データを集める

ここからは、本書の中で一番書き出すことが多い「昨年の収支実態」を、P.41 の表【ステップ 2-3】を使って作成していきます。

1 年分の集計は大変そうに感じますが、始めてしまえば意外にもスムーズですので、あまり時間をかけすぎずに短期決戦で進めましょう。

過去 1 年分の収支を洗い出していきますが、必ずしも 1 月スタートでなく、例えば昨年 10 月～今年 9 月など年をまたいでいても問題ありません。大事なのは 12 か月分あることです。なるべく今に近い 12 か月分の情報を集めていきましょう。

### 洗い出し時の注意点

- **児童手当・保険金・還付金など、給料やボーナス以外の収入も確認する**
- **特別支出と毎月払いを区別する**

### ●【ステップ 2-3】（P.41）の書き方

◆「収入（手取り）」欄：**まずは収入（手取り）欄（次の表の部分）から記入します。**

| 費目 | | | 【A】年間収入・支出<br>※収入の欄を【ステップ 2-4】（P.45）へ転記 | 【B】特別支出<br>※【A】から特別支出を抜き出す | 【C】（【A】－【B】）<br>※支出の欄を【ステップ 2-4】（P.45）へ転記 |
|---|---|---|---|---|---|
| 収入（手取り） | 夫 | 給料 | 円 | | |
| | | ボーナス | 円 | | |
| | 妻 | 給料 | 円 | | |
| | | ボーナス | 円 | | |
| | | その他収入 | 円 | | |
| | | 収入合計 | ① 円 | | |

**【A】列は、費目ごとに 1 年間の収入の全ての額を記入します。給料やボーナスは口座に振り込まれた額ではなく、給与やボーナスの額面から税金と社会保険料を引いた手取り額を記入します。社宅などの家賃や、会社で加入して給与天引きで支払っている生命保険料は引かないようにしましょう。**

（次ページにつづく）

（前ページつづき）

「その他収入」欄には、給与以外の収入（児童手当、還付金、保険金、贈与など）を記入します。なお、収入（手取り）欄は、【B】【C】列の記入の必要はありません。

◆「支出（固定費）」「支出（変動費）」欄：【A】列には、費目ごとに1年間に支払った全ての額を記入します。給与天引きで月々支払っている税金や社会保険料以外の団体保険料、社宅家賃などは【A】列のそれぞれの費目のところに記入するのを忘れないようにします。

【B】列は、【ステップ 2-1】（P.35）の昨年の特別支出の表とも照らし合わせながら漏れのないように記入しましょう。年払いの保険料や固定資産税、自動車税などは【B】列に記入します。毎月払う生命保険料や自動車保険料などは【B】列に入れず、年払いや半年払いにしている分だけを【B】列に記入します。

### 固定費を重視して、変動費はざっくりでもOK

収支実態といっても「家計簿などの記録がない」「計算したことがない」と思うかもしれませんが、居住費や教育費などの固定費は通帳やクレジットカードの履歴から調べられることのほうが多いはずです。

●**固定費（毎月発生し支出額に大きな変化がないもの）**：ローン、保険料、携帯電話代など

●**変動費（その時々で支出額が変わるもの）**：食費、日用品費、交際費など

住宅ローンなどは支払いが大きく変わることはないでしょうし、携帯電話代や保険料も調べればわかるはず。まずは、食費や日用品費の変動費より固定費を丁寧に洗い出すことに力を入れましょう。

とはいえ、変動費も可能な限り調べたいもの。ここで家計簿をつけてからと意気込むと息切れしてしまいます。家計簿をつけなくても、直近1か月以上のレシート（可能なら3か月分ほど）をとっておき、それを1年分に換算してみましょう。費目分けも厳密に分けようとせず、「（食費・日用品費などの）生活費」「娯楽費」「教育費」「車関係」など大きな分類で計算すれば十分です。

### 家計簿などがないときの生活費の計算例

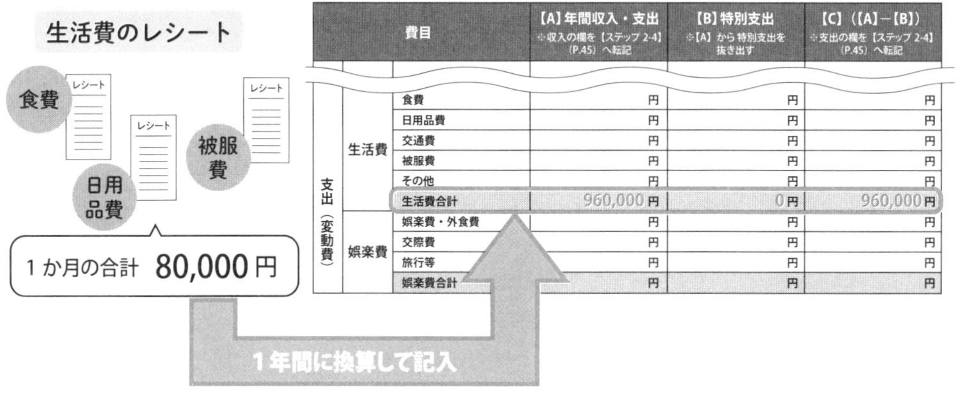


| | | 費目 | 【A】年間収入・支出 ※収入の欄を【ステップ 2-4】（P.45）へ転記 | 【B】特別支出 ※【A】から特別支出を抜き出す | 【C】（【A】−【B】） ※支出の欄を【ステップ 2-4】（P.45）へ転記 |
|---|---|---|---|---|---|
| 支出（変動費） | 生活費 | 食費 | 円 | 円 | 円 |
| | | 日用品費 | 円 | 円 | 円 |
| | | 交通費 | 円 | 円 | 円 |
| | | 被服費 | 円 | 円 | 円 |
| | | その他 | 円 | 円 | 円 |
| | | 生活費合計 | 960,000円 | 0円 | 960,000円 |
| | 娯楽費 | 娯楽費・外食費 | 円 | 円 | 円 |
| | | 交際費 | 円 | 円 | 円 |
| | | 旅行等 | 円 | 円 | 円 |
| | | 娯楽費合計 | 円 | 円 | 円 |

## 【ステップ 2-3】昨年の収支実態を計算

| 費目 | | | 【A】年間収入・支出<br>※収入の欄を【ステップ 2-4】(P.45) へ転記 | 【B】特別支出<br>※【A】から特別支出を抜き出す | 【C】(【A】−【B】)<br>※支出の欄を【ステップ 2-4】(P.45) へ転記 |
|---|---|---|---|---|---|
| 収入(手取り) | 夫 | 給料 | 円 | | |
| | | ボーナス | 円 | | |
| | 妻 | 給料 | 円 | | |
| | | ボーナス | 円 | | |
| | | その他収入 | 円 | | |
| | | 収入合計 | ① 円 | | |
| 支出(固定費) | 生活費 | 住居費（家賃・ローン） | 円 | 円 | 円 |
| | | 電気・ガス・水道 | 円 | 円 | 円 |
| | | 電話 | 円 | 円 | 円 |
| | | インターネット | 円 | 円 | 円 |
| | | 固定資産税 | 円 | 円 | 円 |
| | | その他 | 円 | 円 | 円 |
| | | 生活費合計 | 円 | 円 | 円 |
| | 教育費 | 保育料・学童 | 円 | 円 | 円 |
| | | 学校・給食代 | 円 | 円 | 円 |
| | | 習い事・その他 | 円 | 円 | 円 |
| | | 教育費合計 | 円 | 円 | 円 |
| | 車関係 | 駐車場 | 円 | 円 | 円 |
| | | 車検 | 円 | 円 | 円 |
| | | 自動車税 | 円 | 円 | 円 |
| | | 自動車保険 | 円 | 円 | 円 |
| | | 車関係合計 | 円 | 円 | 円 |
| | 保険料 | 生命保険 | 円 | 円 | 円 |
| | | 医療保険 | 円 | 円 | 円 |
| | | 学資保険 | 円 | 円 | 円 |
| | | その他保険 | 円 | 円 | 円 |
| | | 保険料合計 | 円 | 円 | 円 |
| | ローン | 自動車ローン | 円 | 円 | 円 |
| | | 奨学金・他ローン | 円 | 円 | 円 |
| | | ローン合計 | 円 | 円 | 円 |
| | 家族（お小遣い）合計 | | 円 | 円 | 円 |
| 固定費合計 | | | ② 円 | 円 | 円 |
| 支出(変動費) | 生活費 | 食費 | 円 | 円 | 円 |
| | | 日用品費 | 円 | 円 | 円 |
| | | 交通費 | 円 | 円 | 円 |
| | | 被服費 | 円 | 円 | 円 |
| | | その他 | 円 | 円 | 円 |
| | | 生活費合計 | 円 | 円 | 円 |
| | 娯楽費 | 娯楽費・外食費 | 円 | 円 | 円 |
| | | 交際費 | 円 | 円 | 円 |
| | | 旅行等 | 円 | 円 | 円 |
| | | 娯楽費合計 | 円 | 円 | 円 |
| | 医療費（病院代・薬代等）合計 | | 円 | 円 | 円 |
| | 教育費（教材等）合計 | | 円 | 円 | 円 |
| | 車関係（ガソリン等）合計 | | 円 | 円 | 円 |
| 変動費合計 | | | ③ 円 | 円 | 円 |

| ①−②−③（数字上の預金額） | 円 |
|---|---|

**お小遣いが決まっていないときは**

お小遣いが固定でないときなどは、現金を引き出してはいるものの、何に使ったのかわからないということもよくあります。各費目に割り振ることにこだわらず、引き出した額・使った額の合計をお小遣いとして記入しておきましょう。

## 数字上の預金額と通帳上の預金額の差は？

前ページ【ステップ 2-3】の一番下で計算した数字上の預金額と、通帳上の預金額が一致しているかを調べてみましょう。

家計に入ってきた全ての収入から全ての支出を引いたものが、数字上の預金額です。本来はそれが通帳上の預金額と一致するはずです。とはいえ、年収の規模にもよりますが、収入の５％程度は使途不明金となっていることがよくあります。あまりに大きな違いがあったら、【ステップ 2-3】に戻り、「どこが漏れているか？」「大きな見落としがないか」を再度確認しましょう。

しかし、例えずれていたとしてもそれはあくまで過去のことです。「何に使ったか探せない」「わからない！」となったら、【ステップ 2-3】の変動費の中で一番可能性の高い項目にこの使途不明金の額を割り振ってしまいましょう。

**数字上と通帳の誤差を算出**

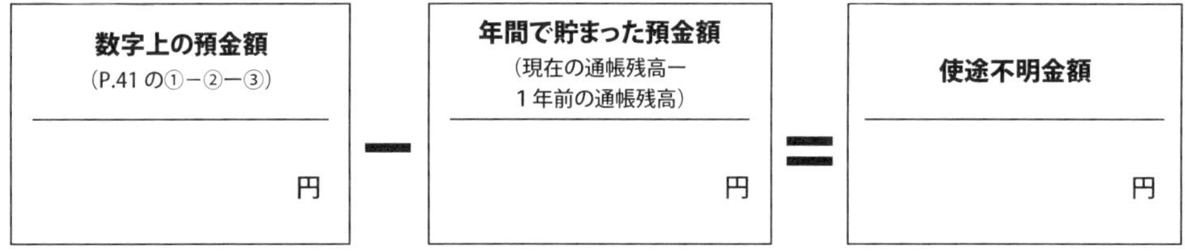


## 記憶のない支出は価値のある支出？

多かれ少なかれ数字上の預金額と実際の預金額はずれるものです。そこで考えたいのが「使った記憶のないお金は大事な支出だろうか？」ということです。何に使ったのかもわからないようなお金が大事なモノや経験に変わっているとは考えにくいですね。

逆に言えば、この差額は「使っても使わなくても満足度に影響がない」ものといえるかもしれません。お金の行き先を意識するようになるだけで、ここで洗い出した「使途不明金」は預金に変わる可能性が高いお金です。

## 預金の割合や支出の多い項目を確認しておく

昨年の収支実態がわかったら、年間の収入に対して預金が何％できたのかを計算し、次の空欄に記入しましょう。

### わが家の年収に占める預金の割合

**年間の収入**
※【ステップ2-3】（P.41）収入合計①から転記

|  | 円 |
|---|---|

**年間で貯まった預金額**
※前ページで算出した金額から転記

|  | 円 |
|---|---|

年間で貯まった預金額 ／ 年間の収入 ×100＝ ％

さらに、どこにたくさんお金を払っているかを知るために支出金額の多い上位5位ぐらいまでの費用を確認し、それらが収入に対して何％かというのを次の表に書き出します。食費がすごく多い、車にかかるお金が多い、習い事が多い、お小遣いが多いなど家計の傾向が見えてくるはずです。

### わが家の昨年の上位支出 ※【ステップ2-3】（P.41）「支出」欄から転記

|  | 支出費目 | 年間の金額 | 年間の収入に占める割合（年間の金額 ÷年間の収入×100） |
|---|---|---|---|
| 1位 | 費 | 円 | ％ |
| 2位 | 費 | 円 | ％ |
| 3位 | 費 | 円 | ％ |
| 4位 | 費 | 円 | ％ |
| 5位 | 費 | 円 | ％ |

ここで洗い出された数字こそが「わが家の家計の実態」です。ここを飛ばして「おそらくこれくらいだろう」「このぐらいに収めるのが望ましいだろう」とやってしまうと、破ってばかりの予算が出来上がってしまいます。

よくありがちな失敗が「こんなに使ってる」「だからお金が貯まらないんだ」などと感じて、向き合うのが辛くなって手を止めてしまうことです。使いすぎを反省したりする必要はありません。ただ「過去はそうだった」ということだけ。機械的に淡々と数字を埋めていくことでこれからの未来に活かしていきましょう。

# 【ステップ2-4】
# 特別支出を除いた月額の収支を確認する

## 特別支出を除いた毎月の収支を確認する

1年間の収支の実態のあとは、特別支出を除いた毎月の収支を確認していきます。

### ● 次ページの表の書き方

【ステップ 2-3】（P.41）の昨年の収支実態の数字を、次の図に従って転記し、12で割って月額を計算します。月額の金額が毎月の支出とかけ離れていると感じたら特別支出が混ざっていないか確認しましょう。

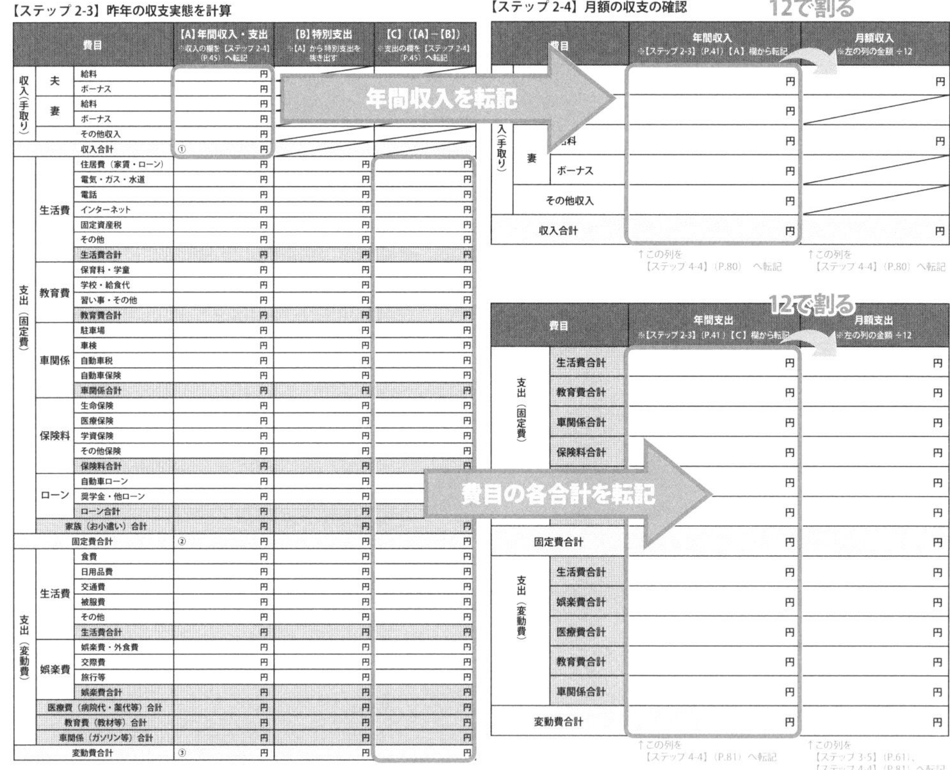

【ステップ 2-3】昨年の収支実態を計算

| 費目 | | | 【A】年間収入・支出 ※収入の欄を【ステップ 2-4】（P.45）へ転記 | 【B】特別支出 ※【A】から特別支出を抜き出す | 【C】（【A】－【B】） ※支出の欄を【ステップ 2-4】（P.45）へ転記 |
|---|---|---|---|---|---|
| 収入（手取り） | 夫 | 給料 | 円 | | |
| | | ボーナス | 円 | | |
| | 妻 | 給料 | 円 | | |
| | | ボーナス | 円 | | |
| | | その他収入 | 円 | | |
| 収入合計 | | | ① 円 | | |
| 支出（固定費） | 生活費 | 住居費（家賃・ローン） | 円 | 円 | 円 |
| | | 電気・ガス・水道 | 円 | 円 | 円 |
| | | 電話 | 円 | 円 | 円 |
| | | インターネット | 円 | 円 | 円 |
| | | 固定資産税 | 円 | 円 | 円 |
| | | その他 | 円 | 円 | 円 |
| | | 生活費合計 | 円 | 円 | 円 |
| | 教育費 | 保育料・学童 | 円 | 円 | 円 |
| | | 学校・給食代 | 円 | 円 | 円 |
| | | 習い事・その他 | 円 | 円 | 円 |
| | | 教育費合計 | 円 | 円 | 円 |
| | 車関係 | 駐車場 | 円 | 円 | 円 |
| | | 車検 | 円 | 円 | 円 |
| | | 自動車税 | 円 | 円 | 円 |
| | | 自動車保険 | 円 | 円 | 円 |
| | | 車関係合計 | 円 | 円 | 円 |
| | 保険料 | 生命保険 | 円 | 円 | 円 |
| | | 医療保険 | 円 | 円 | 円 |
| | | 学資保険 | 円 | 円 | 円 |
| | | その他保険 | 円 | 円 | 円 |
| | | 保険料合計 | 円 | 円 | 円 |
| | ローン | 自動車ローン | 円 | 円 | 円 |
| | | 奨学金・他ローン | 円 | 円 | 円 |
| | | ローン合計 | 円 | 円 | 円 |
| | 家族（お小遣い）合計 | | 円 | 円 | 円 |
| 固定費合計 | | | ② 円 | 円 | 円 |
| 支出（変動費） | 生活費 | 食費 | 円 | 円 | 円 |
| | | 日用品費 | 円 | 円 | 円 |
| | | 交通費 | 円 | 円 | 円 |
| | | 被服費 | 円 | 円 | 円 |
| | | その他 | 円 | 円 | 円 |
| | | 生活費合計 | 円 | 円 | 円 |
| | 娯楽費 | 娯楽費・外食費 | 円 | 円 | 円 |
| | | 交際費 | 円 | 円 | 円 |
| | | 旅行等 | 円 | 円 | 円 |
| | | 娯楽費合計 | 円 | 円 | 円 |
| | 医療費（病院代・薬代等）合計 | | 円 | 円 | 円 |
| | 教育費（教材等）合計 | | 円 | 円 | 円 |
| | 車関係（ガソリン等）合計 | | 円 | 円 | 円 |
| 変動費合計 | | | ③ 円 | 円 | 円 |



【ステップ 2-4】月額の収支の確認

| 費目 | | | 年間収入 ※【ステップ 2-3】（P.41）【A】欄から転記 | 月額収入 ※左の列の金額 ÷12 |
|---|---|---|---|---|
| 収入（手取り） | | | 円 | 円 |
| | | | 円 | |
| | 妻 | 給料 | 円 | 円 |
| | | ボーナス | 円 | |
| | その他収入 | | 円 | |
| 収入合計 | | | 円 | 円 |

↑この列を【ステップ 4-4】（P.80）へ転記　↑この列を【ステップ 4-4】（P.80）へ転記

| 費目 | | 年間支出 ※【ステップ 2-3】（P.41）【C】欄から転記 | 月額支出 ※左の列の金額 ÷12 |
|---|---|---|---|
| 支出（固定費） | 生活費合計 | 円 | 円 |
| | 教育費合計 | 円 | 円 |
| | 車関係合計 | 円 | 円 |
| | 保険料合計 | 円 | 円 |
| | | 円 | 円 |
| | | 円 | 円 |
| 固定費合計 | | 円 | 円 |
| 支出（変動費） | 生活費合計 | 円 | 円 |
| | 娯楽費合計 | 円 | 円 |
| | 医療費合計 | 円 | 円 |
| | 教育費合計 | 円 | 円 |
| | 車関係合計 | 円 | 円 |
| 変動費合計 | | 円 | 円 |

↑この列を【ステップ 4-4】（P.81）へ転記　↑この列を【ステップ 3-5】（P.61）、【ステップ 4-4】（P.81）へ転記

### 昨年と変わっている部分は修正する

ここで転記する数字は昨年の実績のため、現状と違いが出ていることもあります。例えば、今年は保育料がない、今は仕事をしておらず収入がない、マイホームを購入し住居費が変わっているなどです。確実に変わっているものは次ページの表に反映させましょう。ただし、見込みや希望を盛り込みすぎないように注意が必要です。

## 【ステップ 2-4】月額の収支を計算

| 費目 | | | 年間収入<br>※【ステップ 2-3】（P.41）【A】欄から転記 | 月額収入<br>※左の列の金額 ÷12 |
|---|---|---|---|---|
| 収入（手取り） | 夫 | 給料 | 円 | 円 |
| | | ボーナス | 円 | |
| | 妻 | 給料 | 円 | 円 |
| | | ボーナス | 円 | |
| | その他収入 | | 円 | |
| 収入合計 | | | 円 | 円 |

↑この列を【ステップ 4-4】（P.80）へ転記

↑この列を【ステップ 4-4】（P.80）へ転記

| 費目 | | 年間支出<br>※【ステップ 2-3】（P.41）【C】欄から転記 | 月額支出<br>※左の列の金額 ÷12 |
|---|---|---|---|
| 支出（固定費） | 生活費合計 | 円 | 円 |
| | 教育費合計 | 円 | 円 |
| | 車関係合計 | 円 | 円 |
| | 保険料合計 | 円 | 円 |
| | ローン合計 | 円 | 円 |
| | 家族合計 | 円 | 円 |
| 固定費合計 | | 円 | 円 |
| 支出（変動費） | 生活費合計 | 円 | 円 |
| | 娯楽費合計 | 円 | 円 |
| | 医療費合計 | 円 | 円 |
| | 教育費合計 | 円 | 円 |
| | 車関係合計 | 円 | 円 |
| 変動費合計 | | 円 | 円 |

↑この列を【ステップ 4-4】（P.81）へ転記

↑この列を【ステップ 3-5】（P.61）、【ステップ 4-4】（P.81）へ転記

## ポイントに執着した結果のちょっと怖い話

クレジットカードのポイント還元は、ちゃんとお金を貯められるご家庭が利用するにはとても有利なサービスです。「ポイ活」などという言葉もあるように、ポイントを上手に貯めて節約したり、ちょっとゆとりのある生活を楽しんだり、あるいは貯まったポイントを投資に回してさらにお金を増やすこともできたりします。

ただ、それはあくまでクレジットカードの「付属」のもの。ポイントを貯めることが目的となると、次に紹介する女性のように誤った判断をするようになってしまいます。

ある女性が、プラチナカードのような還元率が高いランクのカードにするためにたくさん買い物をするようになりました。ランクが上位のカードを持っているとポイント以外にもさまざまなサービスが受けられるようになっていたのです。

徹底して現金を使わず、日常の買い物はほぼ全てそのカードで支払っていました。そのカードが使えないお店には絶対に行かないほどです。

しかし、日を追うごとに行動はどんどんエスカレートし、会社の飲み会や友人とのランチでは自分が立て替えてそのカードで支払い、同僚が何かを買おうとするときには、自分のカードを使ってあとで集金するということまでしていました。

次第に「あといくら買わないとランクが上がらない！」と、必要のないものまで買い続けたり、立て替えた分の集金を忘れたりした結果、請求時に銀行口座の残高が足りず支払えないということがたびたび発生しました。そして、やむを得ずあとから手数料の高いリボ払いに変えて、どんどん借金がかさんでいくようになりました。

その後、このままでは大変なことになると気づいた女性は、カードを解約しポイ活を中止しました。本人は相当心残りがあったようですが、このままでは病的な執着となってしまうところでした。

ポイントはあくまで「特典」の一つです。ポイントのために支出をするようになると、得をするはずが逆に家計に大きな損を与えてしまうことがあります。ポイントを貯めることを目的とせず、節度をもって付き合うようにしましょう。

# 第3章

# ボーナスの使い道と老後資金の必要額をチェックしましょう！

# ボーナスを充てて良いもの悪いもの

- □ボーナスは、いつももらえるとは限りません
- □預金や投資、計画的な借り入れの返済はボーナスを味方に
- □必須の支払いは、ボーナスに頼ってはいけません

## ボーナスはばらつきの大きいお金

第1・2章で今現在の財産と、この1年のお金の使い方を確認してきました。ここからはいよいよ「いくら貯めていけばいい？」の計算に入っていきます。

ボーナスからの預金や、ボーナスの使い道についてまず考えていきましょう。

ボーナスは年間に250万円もらう人がいれば、寸志程度という人、さらには年俸制などでボーナスがそもそもない会社も増えています。転職などで会社が変わると、1年目はほとんどもらえないこともあります。

会社規模やボーナスの計算の仕方によって、予測のしやすさは変わってきます。まずは自分のボーナスがどの程度当てにできるか、チェックしてみましょう。

**ボーナス予測値チェック**

予測しやすい ← **ボーナスの金額が** → 予測しにくい

| 予測しやすい | 予測しにくい |
| --- | --- |
| ●会社の規模が大きい | ●会社の規模が小さい |
| ●月給の○か月分など決まっている | ●会社の業績に応じてバラつきがある |
| ●勤続年数などで決まっている | ●営業成績などによって変わる |

特別支出をボーナスで払っていたという家計も少なくないかもしれませんが、ボーナスは毎月の給与と違い法律では会社に支払いの義務はありません。

そう考えると、ボーナスで払って良いものと良くないものがあることがわかります。

## ボーナスを充てて良いもの

ボーナスを充てて良いものは大きく分けると3つありますが、その1つは「預金」と「投資」です。年間の貯蓄目標などを考えて上手に貯めると良いですし、ボーナスからプールしておいたお金を少しずつ積立投資などに回していくと資産形成の大きな助けになるでしょう。

2つ目は繰り上げ返済などの「計画的な借り入れの返済」です。預金の状態や利率などと相談ではありますが、計画的に繰り上げて利息を節約しましょう。

3つ目は「ゆとり・娯楽費用」です。節度を持って旅行やご褒美などに使う計画を立てることで、働くモチベーションをアップさせたいですね。

**ボーナスを充てて良いもの**

- 預金、投資……ボーナスの一部で投資をはじめるのも
- 計画的な借り入れの返済……繰り上げ返済で利息を節約!
- ゆとり・娯楽費用……働くモチベーションアップ

## ボーナスを充ててはいけないもの

ボーナスは宝くじのように「当たり」でもなければ「ご褒美」でもありません。労働の対価として入ってくる賃金の一つだと思えば、全てを散財に使っては危険なことはわかるはずです。

ボーナスを充ててはいけないものの1つ目は「生活費の補てん」です。ボーナスで何とか食いつなぐような家計は危険。すぐに根本からの見直しが必要です。

2つ目は「必須の特別支出の支払い」です。ボーナスがなくなったとしても支払わなくてはならないものはボーナス払いにしてはいけません。まとまった額のかかる帰省なども「ボーナスが少ないから今年は帰省しない」というわけにはいかないのなら、やはりボーナスに頼りすぎないようにしましょう。

**ボーナスを充ててはいけないもの**

- 生活費の補てん……ボーナス頼りの考え方は危険!
- 必須の特別支出の支払い……必須の支出は毎月の家計から出す!

住宅ローンや自動車ローンのボーナス払いも注意が必要です。ボーナスを充てて支払うことで毎月の負担は減りますが、その分月給がほかの支出に回りやすく、生活サイズが大きくなりすぎることがあります。ボーナスがなくなっても払い続けられるかをよく確認しておきたいところです。

# 【ステップ3-1】特別支出積立の予算を作る

## この先の特別支出の予算を立てる

第2章の【ステップ 2-1】(P.35) で昨年の特別支出を洗い出しました。今回の【ステップ 3-1】ではそれを基に、この先の特別支出の予算を立てて積立額を決めていきましょう。この特別支出の積立金はあくまで「先取りでよけておくお金」です。このお金を預金だと考えていると、「貯めたはずがなくなった」となってしまうので、教育費や老後費用などの中長期的な預金とは別の口座に積み立てていくことをお勧めしています。また、積み立てやすいように、次ページの表に記載する際の金額の端数は100円単位・1,000円単位などを切り捨ててしまって構いません。

### ●次ページの表の書き方

- ◆上の表(特別支出の予算表):【ステップ 2-1】(P.35) 昨年の特別支出を基に、月次予算を立てます。
- ◆下の表(【ステップ 3-1】特別支出の年間積立額を計算):上の表の内容を5つ以内に分類し、各分類の合計金額を「年間積立額」欄に記入します。さらに、年間積立額を「ボーナスから」と「毎月の収入から」に分けて記入します。必須の内容はボーナスに頼りすぎないように気を付けましょう。
- ◆一番下の欄「ボーナスから」の積立合計/「毎月の収入から」の積立合計:次の図の①～③の手順を参考に「ボーナスから」「毎月の収入から」をそれぞれ合計して記入します。

### 次ページの表の記入手順

特別支出の予算表

| | 内容 | 金額 | 分類 | | 内容 | 金額 | 分類 |
|---|---|---|---|---|---|---|---|
| 1月 | お年玉<br>結婚記念日 | 10,000円<br>20,000円 | ③<br>③ | 7月 | サマーキャンプ | 100,000円 | ③ |
| 2月 | バレンタイン | 10,000円 | ③<br>③ | 8月 | 帰省(夏) | [illegible] | [illegible] |
| 3月 | 帰省(春)<br>ホワイトデー | 50,000円<br>20,000円 | ④ | 9月 | [illegible] | 126,000円 | ② |
| 4月 | ○○生命 | 168,000円 | ① | [illegible] | ハロウィーン | 10,000円 | ③ |
| 5月 | 固定資産税<br>★▲生命 | 120,000円<br>115,000円 | ①<br>① | 11月 | 誕生日×2 | 15,000円 | ③ |
| 6月 | 自動車税<br>父の日 | 35,000円<br>5,000円 | ②<br>③ | 12月 | クリスマス<br>年末年始帰省 | 30,000円<br>100,000円 | ③<br>④ |
| 時期未定 | 冠婚葬祭 | 30,000円 | ⑤ | 時期未定 | 家電積立<br>洋服まとめ買い | 70,000円<br>35,000円 | ⑤<br>⑤ |

①分類ごとに集計する

②積立方法を「ボーナスから」と「毎月の収入から」に分ける

【ステップ 3-1】特別支出の年間積立額を計算

| 分類 | 内容 | 年間積立額 | | 積立方法 | |
|---|---|---|---|---|---|
| ① | 税金・保険 | 403,000円 | 内訳 | ボーナスから | 0円 |
| | | | | 毎月の収入から | 33,500円 |
| ② | 車 | 161,000円 | 内訳 | ボーナスから | 0円 |
| | | | | 毎月の収入から | 13,500円 |
| ③ | イベント | 220,000円 | 内訳 | ボーナスから | 100,000円 |
| | | | | 毎月の収入から | 10,000円 |
| ④ | 帰省 | 300,00[illegible] | 内訳 | ボーナスから | 120,000円 |
| | | | | 毎月の収入から | 15,000円 |
| ⑤ | 冠婚葬祭<br>家電・服 | 13[illegible]円 | 内訳 | ボーナスから | 0円 |
| | | | | 毎月の収入から | 11,000円 |
| | 年間積立額合計額 | 円 | | | |

← 【ステップ 4-4】(P.81) の「特別支出積立5」へ転記

③各合計を記入

ボーナスから積立 220,000 円 ← 【ステップ 3-2】(P.53) の「使い道」へ転記

毎月の収入から積立 83,000 円 ← 【ステップ 3-5】(P.61)/【ステップ 4-4】(P.81)「特別支出積立6」へ転記

### 特別支出の予算表

| 月 | 内容 | 金額 | 分類 | 月 | 内容 | 金額 | 分類 |
|---|---|---|---|---|---|---|---|
| 1月 | | | | 7月 | | | |
| 2月 | | | | 8月 | | | |
| 3月 | | | | 9月 | | | |
| 4月 | | | | 10月 | | | |
| 5月 | | | | 11月 | | | |
| 6月 | | | | 12月 | | | |
| 時期未定 | | | | 時期未定 | | | |

### 【ステップ 3-1】 特別支出の年間積立額を計算

| 分類 | 内容 | 年間積立額 | 積立方法 | |
|---|---|---|---|---|
| ① | | 円 | 内訳 | ボーナスから　円 |
| | | | | 毎月の収入から　円 |
| ② | | 円 | 内訳 | ボーナスから　円 |
| | | | | 毎月の収入から　円 |
| ③ | | 円 | 内訳 | ボーナスから　円 |
| | | | | 毎月の収入から　円 |
| ④ | | 円 | 内訳 | ボーナスから　円 |
| | | | | 毎月の収入から　円 |
| ⑤ | | 円 | 内訳 | ボーナスから　円 |
| | | | | 毎月の収入から　円 |
| | 年間積立額合計 | 円 | | |

←【ステップ 4-4】(P.81)「特別支出積立⑤」へ転記

**「ボーナスから」の積立合計** ＿＿＿＿＿＿＿＿円 ←【ステップ 3-2】(P.53) の「使い道」へ転記

**「毎月の収入から」の積立合計** ＿＿＿＿＿＿＿＿円 ←【ステップ 3-5】(P.61)／【ステップ 4-4】(P.81)「特別支出積立⑥」へ転記

# 【ステップ3-2】ボーナスを予算する

## ボーナスの使い道は「先」に決めておく

ここからは、これからのボーナスの使い道を考えていきましょう。

ここまで、「過去のボーナスを何に使ったか」や「特別支出として積み立てる額」を洗い出してきました。それらを踏まえて次ページの表【ステップ 3-2】を使ってボーナスで支払うものの予算を立てていきます。ボーナスの金額が予測しにくいときは、例年どおりの金額で予算を立てて構いません。金額の変動が大きい、転職したばかりという場合は想定する最低額にしておきます。

予算を立てるコツは、特別支出の積立や預金だけではせっかくのボーナスも味気なく感じるものなので、少しでも構わないので夫婦共通の贅沢にも予算を割くことです。共に働く同志としてお互いをねぎらう機会ができるといいですね。

### ●次ページの表の書き方

まず【ステップ 3-1】(P.51) の特別支出の「ボーナスから」の積立合計を「使い道」欄に記入します。一度のボーナスで貯めるには多すぎるときは夏と冬に分けて貯めるのも良いでしょう。ボーナスからの夫婦のお小遣いについても話し合ったうえで金額をあらかじめ決めておきます。残りの使い道が決まっていない金額は「預金」とし金額を記入します。今後の【ステップ】を進めていく中で老後資金 (P.65) や住宅ローンの繰り上げ返済必要額 (P.69) など「これはボーナスで貯めよう」という目標が出てきたら、このステップに戻って修正します。入金額と使い道の合計は必ず一致させましょう。

### 次ページの表の記入手順

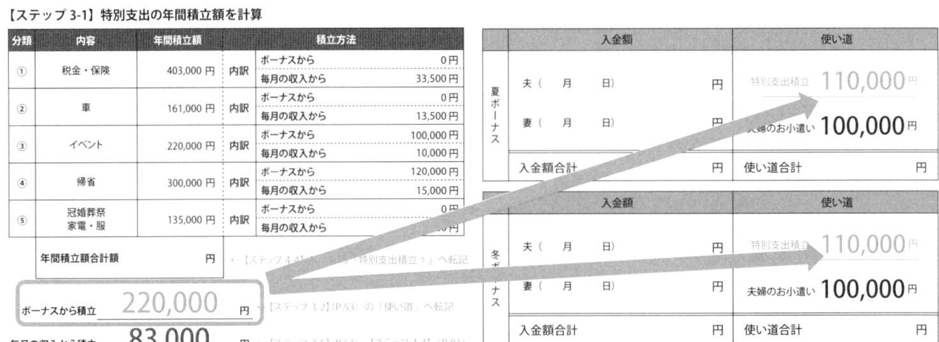

【ステップ 3-1】特別支出の年間積立額を計算

| 分類 | 内容 | 年間積立額 | 積立方法 | | |
|---|---|---|---|---|---|
| ① | 税金・保険 | 403,000 円 | 内訳 | ボーナスから | 0円 |
| | | | | 毎月の収入から | 33,500円 |
| ② | 車 | 161,000 円 | 内訳 | ボーナスから | 0円 |
| | | | | 毎月の収入から | 13,500円 |
| ③ | イベント | 220,000 円 | 内訳 | ボーナスから | 100,000円 |
| | | | | 毎月の収入から | 10,000円 |
| ④ | 帰省 | 300,000 円 | 内訳 | ボーナスから | 120,000円 |
| | | | | 毎月の収入から | 15,000円 |
| ⑤ | 冠婚葬祭 家電・服 | 135,000 円 | 内訳 | ボーナスから | 0円 |
| | | | | 毎月の収入から | [illegible]円 |
| | 年間積立額合計額 | 円 | ←【ステップ 4-4】[illegible]「特別支出積立⑤」へ転記 | | |

ボーナスから積立 220,000 円 ←【ステップ 3-2】(P.53) の「使い道」へ転記

毎月の収入から積立 83,000 円 ←【ステップ 3-5】(P.61)【ステップ 4-4】(P.81)「特別支出積立⑥」へ転記

| | 入金額 | | 使い道 | |
|---|---|---|---|---|
| 夏ボーナス | 夫(　月　日) | 円 | 特別支出積立 | 110,000円 |
| | 妻(　月　日) | 円 | 夫婦のお小遣い | 100,000円 |
| | 入金額合計 | 円 | 使い道合計 | 円 |

| | 入金額 | | 使い道 | |
|---|---|---|---|---|
| 冬ボーナス | 夫(　月　日) | 円 | 特別支出積立 | 110,000円 |
| | 妻(　月　日) | 円 | 夫婦のお小遣い | 100,000円 |
| | 入金額合計 | 円 | 使い道合計 | 円 |

### 【ステップ 3-2】ボーナスの予算を計算

| | 入金額 | 使い道 |
|---|---|---|
| 夏ボーナス | 夫（　　月　　日）<br>円<br>妻（　　月　　日）<br>円 | |
| | 入金額合計　　円 | 使い道額合計　　円 |

| | 入金額 | 使い道 |
|---|---|---|
| 冬ボーナス | 夫（　　月　　日）<br>円<br>妻（　　月　　日）<br>円 | |
| | 入金額合計　　円 | 使い道額合計　　円 |

| | 入金額 | 使い道 |
|---|---|---|
| その他 | 夫（　　月　　日）<br>円<br>妻（　　月　　日）<br>円 | |
| | 入金額合計　　円 | 使い道額合計　　円 |

# 年金と老後資金は自分で「作る」

□年金がなくなることはありません
□年金は自分で「作る」ものです
□年金で足りない老後資金の金額を計算しましょう

## 老後の支えの一つは年金

ここからは1・2年の短い期間で使うための積立ではなく、長期で貯めていくお金を計算していきます。まずは人生に必要な三大資金のうちの一つである老後資金の計算です。老後の生活を支える重要な収入の一つが公的年金。公的年金制度は、次のように誤解されていることが多いですが、年金がなくなることはありません。

**年金のよくある誤解と正解**

- **年金は枯渇してもらえなくなる**
  - ➡積立金もあり順調に運用で利益が出ています
- **少子高齢化で保険料を払う人がいなくなる**
  - ➡保険料と給付額をコントロールする仕組みが導入済みです
  - ➡女性や元気な高齢者の加入者が増えています

## 自分の年金は自分で「作る」

よく「年金はいくらもらえるの？」などと「もらう」と表現してしまいがちですが、年金はどこかの誰かがくれるものではありません。年金の加入の仕方や負担した保険料に応じて自分が「作る」ものなのです。

具体的な年金の計算方法は次節でご説明しますが、毎年誕生日近くに送られてくる「ねんきん定期便」からおおよその自分の年金の想定額を計算することができます。計算の仕方がわかれば、年金をどのように増やせるかのヒントも見つかります。

出産などを機に離職し家庭に入る方もまだ多いですが、子育て中も働き方を考え、厚生年金に加入する期間を増やし自分の年金をしっかり作っていくことで夫婦の年金額を増やし、年金制度そのものも支えていくことができます。

**年金を増やすためにできること**

**●年収を上げる**

厚生年金は標準報酬月額と呼ばれる給料ランクに応じて保険料も上がります。現役時代に保険料を多く負担するとその額に見合った年金を受け取ることができます。年収を上げることで老後の年金を増やせます。

**●厚生年金の加入期間を延ばす**

加入期間を延ばすことで老後の年金も増やすことができます。扶養内（第３号被保険者）でいる期間を短くして、なるべく長く働くことを検討しましょう。

**●受け取り開始を遅らせる**

年金は 65 歳の受け取りを基準として、受け取りを前倒し（繰り上げ）・後ろ倒し（繰り下げ）が選択できます。受け取りをひと月遅らせるごとに 0.7%年金額が増える仕組みになっているため、年金の受け取りを 5 年遅らせれば年金額が 1.42 倍になります。

## 年金だけでは足りない部分を準備していく

年金制度が崩壊するというのはまったくの誤解ですが、だからといって年金だけ生活できるかというとそれは間違いです。次のグラフのように現在、年金暮らしをしている方でも平均して月に４万円は預金を取り崩しながら生活して暮らしています。

**高齢者夫婦（無職）の平均的な家計**

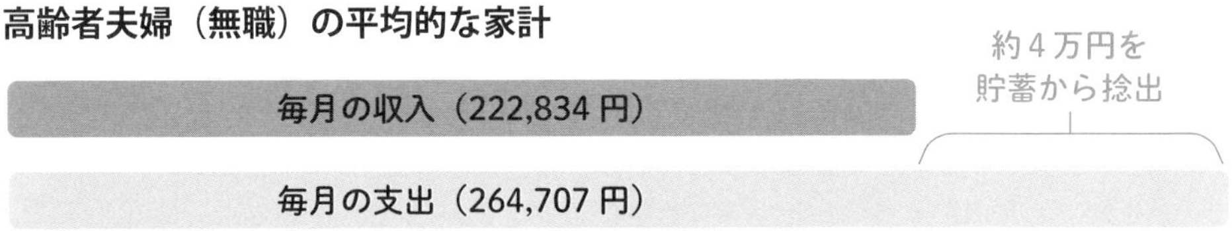

約４万円を
貯蓄から捻出

毎月の収入（222,834 円）

毎月の支出（264,707 円）

（出典）総務省「家計調査年報 2018 年（平成 30 年）高齢夫婦無職世帯の家計収支」。

年金制度は崩壊しないよう対策されていますが、さまざまな要因から受け取れる額は減少傾向にあると考えられていますから、年金だけに頼るのではなく、自分で自分の老後を支えていく行動が必要です。

このあとの【ステップ 3-3】（P.57）では一般的な平均ではなく、わが家に必要な老後資金を計算していきましょう。

# 【ステップ3-3】老後の公的年金を計算する

## ●次ページの表（1）「これまでの加入実績に応じた年金額」の書き方

ねんきん定期便の「3.これまでの加入実績に応じた年金額」を見ながら「老齢基礎年金」と「老齢厚生年金」の額をそれぞれ次ページの表の（1）の①と②に転記しましょう。

**3.これまでの加入実績に応じた年金額**

| | |
|---|---|
| (1) 老齢基礎年金 | 220,000 円 |
| (2) 老齢厚生年金 | |
| 一般厚生年金期間 | 240,000 円 |
| 公務員厚生年金期間 | 円 |
| 私学共済厚生年金期間 | 円 |
| (1) と (2) の合計 | 460,000 円 |

※ねんきん定期便より

## ●次ページの表（2）「これから作っていく年金額」の書き方

### ③老齢基礎年金＝今から 60歳までの年数 × 2 万円

老齢基礎年金は未納や免除にならない限り、自営業でも扶養内でも加入が 1 年増えていくごとに、老後の年金の年額が約 2 万円増えていきます。

### ④老齢厚生年金＝これからの平均年収×0.55%×定年までの年数

老齢厚生年金は「標準報酬月額」という給料ランクに比例して保険料が増え受給額も増えていきます。平均年収や厚生年金に加入する期間は今想定できる範囲で構いませんので、この簡易計算式でイメージをつかみましょう。

厚生年金には頭打ちの金額があり、月収は 65 万円ランク（標準報酬月額が 65 万円）と1 回当たり 150 万円までのボーナスを足した金額が年金計算をするときの「平均」年収の上限となります。

**年金の手取り額とは？**

このステップで計算した年金はおおよその「額面」です。年金からも税金や社会保険料を負担するので、年金の手取りは計算した金額の 85%程度と考えておきましょう。

## 【ステップ 3-3】老後の公的年金を計算

夫の年金

**（1）これまでの加入実績に応じた年金額（ねんきん定期便より）**

①老齢基礎年金　円

②老齢厚生年金　円

**（2）これから作っていく年金額**

③老齢基礎年金
今から60歳までの年数（　　　年）×２万円＝　円

④老齢厚生年金
これからの平均年収（　　万円）×0.55%× 定年までの年数（　　年）＝　円

**（3）年金の手取り額**

①～④の合計（年間金額）×0.85＝　円／年

妻の年金

**（1）これまでの加入実績に応じた年金額（ねんきん定期便より）**

①老齢基礎年金　円

②老齢厚生年金　円

**（2）これから作っていく年金額**

③老齢基礎年金
今から60歳までの年数（　　　年）×２万円＝　円

④老齢厚生年金
これからの平均年収（　　万円）×0.55%× 定年までの年数（　　年）＝　円

**（3）年金の手取り額**

①～④の合計（年間金額）×0.85＝　円／年

【ステップ 3-7】（P.65）
【B】へ転記→

夫の（3）＋妻の（3）
（公的年金収入合計）　円／年

# 【ステップ3-4】老後のその他の収入を計算する

## 公的年金以外の収入を把握する

老後の収入は公的年金以外にもあります。自分で準備する民間の保険や、会社員であれば「退職金」です。これらも老後資金を計算する上では大事な収入なので、忘れずに次ページの表【ステップ3-4】でチェックしていきましょう。

約7割の人は退職直前まで退職金の額を知らないという現状ですが、退職金の有無や金額によって老後資金の計画が大きく変わってきますから、早めに就業規則や退職金規程などを調べて、「定年まで勤めた前提で」どの程度になるのか確認してみると良いでしょう。

### ●「貯蓄型保険・個人年金保険」（次ページ上）の書き方

◆「商品名称」「名義」欄：「終身保険」「個人年金保険」などを記入します。いくつも契約があるときは保険会社なども書くと良いでしょう。夫婦どちらの名義かも明らかにしておきます。

◆「受取り年齢」欄：保険を受け取る年齢を記入します。一括ではなく分割で受け取るときはその期間を書きましょう。終身保険などで満期がないときは定年年齢などで構いません。

◆「受取り見込み金額（年間）」「受取り見込み金額（合計）」欄：分割で受け取るときは１年間の受取り見込み額を記入し、受取り年数から合計額を計算します。一度に受け取るときは合計欄にのみ記入しましょう。例えば「65歳から10年確定・年額50万円」という契約だったら年間50万円でトータルで500万円の老後資金となります。終身保険などを老後資金用として加入している場合は【ステップ1-2】（P.23）の保険のリストと照合しながら、65歳時点の解約返戻金を確認してみるといいでしょう。

### ●「退職金・確定拠出年金」（次ページ下）の書き方

◆「種類」欄：退職金や確定拠出年金など老後に受け取るお金を種類別に記入します。

◆「受取り年齢」欄：それぞれ想定する受け取り年齢を記入します。まだはっきりしないときは会社の定年年齢で構いません。

◆「受取り見込み金額（合計）」欄：想定されるおおよその退職金の金額を記入します。確定拠出年金などが今後運用でどれくらい増えるかなどの想定が難しければ、毎月積み立てている元本だけでいくらになるかを記入しておきましょう。

## 【ステップ 3-4】老後のその他の収入を計算

### 貯蓄型保険・個人年金保険

| 商品名称 | 名義 | 受取り年齢 | 受取り見込み金額（年間） | 受取り見込み金額（合計） |
|---|---|---|---|---|
| | | 歳 | 円 | 円 |
| | | 歳 | 円 | 円 |
| | | 歳 | 円 | 円 |
| | | 歳 | 円 | 円 |
| | | 歳 | 円 | 円 |
| | | 歳 | 円 | 円 |
| | | 歳 | 円 | 円 |
| | | 歳 | 円 | 円 |
| 貯蓄型保険・個人年金保険受取り見込み金額合計 | | | | ① 円 |

### 退職金・確定拠出年金

| 種類 | 名義 | 受取り年齢 | 受取り見込み金額（合計） | 備考 |
|---|---|---|---|---|
| | | 歳 | 円 | |
| | | 歳 | 円 | |
| | | 歳 | 円 | |
| | | 歳 | 円 | |
| | | 歳 | 円 | |
| 退職金・確定拠出年金受取り見込み金額合計 | | | ② 円 | |

【ステップ 3-7】（P.65）
【D】へ転記→

| ①＋②<br>（老後のその他の収入合計） | 円 |
|---|---|

## 【ステップ3-5】
# 老後のその他の支出を計算する

### ●次ページの表の書き方

◆「月額支出（現在の支出）」欄：表の上から２行目は【ステップ 3-1】（P.51）特別支出の「毎月の収入から」の積立合計を転記します。支出の固定費と変動費の欄は、【ステップ 2-4】（P.45）の「月額支出」欄から転記します。

◆「老後の月額想定支出」欄：左列の現在の支出の内容を見ながら、老後にはなくなると考えられるものを反映した修正金額を記入します。

具体的には、固定費の 65 歳までなどに払い済みになる保険や、子どもの教育費などのように、明らかになくなるものだけ減らします。変動費は老後どのように変化するのか見極めにくいため減らしすぎず、現在の額の８割程度くらいにとどめておきましょう。なお、保有し続ける車関係や、固定資産税などはなくならないことに注意してください。

●減る可能性が高いもの：「教育費」「保険料」「ローン」

●減る可能性が低いもの：「生活費」「医療費」「車関係」

### 次ページの表の記入手順

【ステップ 3-1】特別支出の年間積立額を計算

| 分類 | 内容 | 年間積立額 | 積立方法 | | |
|---|---|---|---|---|---|
| ① | 税金・保険 | 403,000 円 | 内訳 | ボーナスから | 0 |
| | | | | 毎月の収入から | 33,500 |
| ② | 車 | 161,000 円 | 内訳 | ボーナスから | 0 |
| | | | | 毎月の収入から | 13,500 |
| ③ | イベント | 220,000 円 | 内訳 | ボーナスから | 100,000 |
| | | | | 毎月の収入から | 10,00 |
| ④ | 帰省 | 300,000 円 | 内訳 | ボーナスから | 0 |
| | | | | 毎月の収入から | 15,0 |
| ⑤ | 冠婚葬祭<br>家電・服 | 135,000 円 | 内訳 | ボーナスから | 0 |
| | | | | 毎月の収入… | 11,000 |
| | 年間積立額合計額 | 円 | | | |

← 【ステップ 4-4】…の「特別支出積立 5」へ転記

P.51から転記する

ボーナスから積立　　　　円 ← 【ステップ 3-2】（P.53）の「使い道」へ転記

毎月の収入から積立　83,000　円 ← 【ステップ 3-5】（P.61）【ステップ 4-4】（P.81）「特別支出積立 6」へ転記

| 費目 | | 年間支出<br>※【ステップ 2-3】（P.41）【C】欄から転記 | 月額支出<br>※左の列の金額 ÷12 |
|---|---|---|---|
| 支出（固定費） | 生活費合計 | 円 | 円 |
| | 教育費合計 | 円 | 円 |
| | 車関係合計 | 円 | 円 |
| | 保険料合計 | 円 | 円 |
| | ローン合計 | 円 | 円 |
| | 家族合計 | 円 | 円 |
| 固定費合計 | | 円 | 円 |
| 支出（変動費） | 生活費合計 | 円 | 円 |
| | 娯楽費合計 | 円 | 円 |
| | 医療費合計 | 円 | 円 |
| | 教育費合計 | 円 | 円 |
| | 車関係合計 | 円 | 円 |
| 変動費合計 | | 円 | 円 |

↑この列を【ステップ 4-4】（P.81）へ転記

↑この列を【ステップ 3-5】（P.61）、【ステップ 4-4】（P.81）へ転記

老後の変化を想定した額を記入

P.45から転記する

| | | 月額支出（現在の支出） | 老後の月額想定支出 |
|---|---|---|---|
| 費目↓ | | ※【ステップ 3-1】（P.51）「毎月の収入から」の積立合計を転記　円 | ※左列から老後の変化を想定した額<br>①　円 |
| 支出（固定費） | 生…計 | 円 | 円 |
| | 教育費合計 | 円 | 円 |
| | 車関係合計 | 円 | 円 |
| | 保険料合計 | 円 | 円 |
| | ローン合計 | 円 | 円 |
| | 家族合計 | 円 | 円 |
| | 固定… | 円 | ②　円 |
| 支出（変動費） | 生活費… | 円 | 円 |
| | 娯楽費合計 | 円 | 円 |
| | 医療費合計 | 円 | 円 |
| | 教育費合計 | 円 | 円 |
| | 車関係合計 | 円 | 円 |
| | 変動費計 | 円 | ③　円 |

↑このオレンジ色の囲みの中は【ステップ 2-4】（P.45）「月額支出」欄から転記

【ステップ 3-7】（P.65）【A】へ転記→

| （①＋②＋③）×12 か月（老後のその他の支出合計） |
|---|
| 円／年 |

## 【ステップ 3-5】老後のその他の支出を計算

| | | 月額支出（現在の支出） | 老後の月額想定支出 |
|---|---|---|---|
| 費目↓ | | ※【ステップ 3-1】（P.51）「毎月の収入から」の積立合計を転記 円 | ※左列から老後の変化を想定した額 ① 円 |
| 支出（固定費） | 生活費合計 | 円 | 円 |
| | 教育費合計 | 円 | 円 |
| | 車関係合計 | 円 | 円 |
| | 保険料合計 | 円 | 円 |
| | ローン合計 | 円 | 円 |
| | 家族合計 | 円 | 円 |
| | 固定費合計 | 円 | ② 円 |
| 支出（変動費） | 生活費合計 | 円 | 円 |
| | 娯楽費合計 | 円 | 円 |
| | 医療費合計 | 円 | 円 |
| | 教育費合計 | 円 | 円 |
| | 車関係合計 | 円 | 円 |
| | 変動費計 | 円 | ③ 円 |

↑このオレンジ色の囲みの中は
【ステップ 2-4】（P.45）「月額支出」欄から転記

【ステップ 3-7】（P.65）【A】へ転記→

| （①＋②＋③）×12 か月（老後のその他の支出合計） |
|---|
| 円／年 |

【ステップ3-6】

# 老後の特別費を計算する

## 生活費「以外」の老後の支出

老後の暮らしには、介護費用のような特別費もかかります。お金がかかる時期が先だと具体的な金額がイメージしにくいかもしれませんが、まったく準備をしていないのと少しずつでも備えているのとでは大きな違いが出てきますから、下記を参考に、いくらぐらいかかりそうか考えてみてください。

### ●「介護費用」（次ページの上）の書き方

老後ならではの大きな特別費は「介護費用」です。介護は期間も程度もばらつきがあり、いくらかかるかを計算するのが難しい支出ではありますが、平均的な数字として一人当たり 500 万円程度は見ておくと良いでしょう。自分の希望する老人ホームなどがあるときは金額を調べて上乗せ額を記入します。共働き家計は特に親の介護の必要が出たとき介護離職をしないで済むように、親が介護サービスを受けるための金銭的な援助が必要そうであれば、その分も考慮して準備しておきたいところです。

**【介護期間と費用の平均】**

介護期間　4.7 年
一時的な費用の合計　69 万円
介護費用の月額　7.8 万円

➡ **1 人当たり約 500 万円**

（出典）生命保険文化センター「生命保険に関する全国実態調査」／平成 30 年度。

### ●「介護費用以外の老後の特別費」（次ページの真ん中）の書き方

介護以外の費用は、老後にどんなことにお金を使いたいかに応じて予算を立てましょう。住宅のメンテナンスやリフォーム、車の買い替えや葬儀費用などの避けられないものと、子どもの結婚や出産、住宅購入時の資金援助などの「可能ならば出すもの」を分けて想像してみると良いでしょう。老後の資金計画をするときに絶対に貯めなくてはいけない「必須」の額と、余裕があれば支出する「ゆとり」の額に分けると計画の調整がしやすくなります。

## 【ステップ 3-6】老後の特別費を計算

### 介護費用

| 介護関係費 | 金額 | 備考 |
|---|---|---|
| 夫の介護費用（500 万円〜） | 円 | |
| 妻の介護費用（500 万円〜） | 円 | |
| 親の介護費用（500 万円〜）<br>※援助が必要な場合のみ記入する | 円 | |
| 介護費用合計 | ① 円 | |

### 介護費用以外の老後の特別費

※特別支出で準備するものは除く

| 特別費の種類 | | 金額 | 備考 |
|---|---|---|---|
| 必須 | | 円 | |
| | | 円 | |
| | | 円 | |
| ゆとり | | 円 | |
| | | 円 | |
| | | 円 | |
| 介護費用以外の老後の特別費合計 | | ② 円 | |

介護費用以外の老後の特別費の例

| 住宅のリフォーム | 〜1,000 万円 |
|---|---|
| 車の買い替え（1 回） | 100〜300 万円 |
| 葬儀費用 | 100〜300 万円 |
| 子どもへの援助 | 〜1,000 万円 |
| 海外旅行（1 回） | 20〜100 万円 |

【ステップ 3-7】（P.65）【C】へ転記→ ①＋②（老後の特別費合計） 円

【ステップ3-7】
# 老後費用の必要預金額を計算する

いよいよこの【ステップ 3-7】で老後資金として貯めていく金額を計算していきます。まずは定年年齢を確認しましょう。定年が決まっていないときは65歳や70歳など「ここまでは絶対働く」つもりでいるところで構いません。70歳を過ぎてくると健康状態にばらつきが出てくるため70歳までの年齢にしておくことをお勧めします。夫婦で歳の差があるときは収入の多いほうや、年齢の高いほうを基準に考えましょう。

●**老後期間**：定年から死亡まで
●**貯められる期間**：今の年齢から定年年齢まで

どこまで生きるかはわかりませんから、ここでは95歳で死亡と仮定して計算しますが、可能なら100歳まででで計算できるとより安心です。

### ●次ページの計算式の書き方

◆老後にかかるお金を計算：まずは公的年金で不足する基本生活費を計算します。【ステップ 3-5】（P.61）老後のその他の支出合計（次ページ【A】）から、【ステップ 3-3】（P.57）公的年金収入合計（次ページ【B】）を引いた金額が、年金で不足する１年間の生活費です。
それに老後期間を掛けたものが、老後期間の生活費の不足分合計となります。
さらに、それに【ステップ 3-6】（P.63）老後の特別費合計（次ページ【C】）を加えたものが、老後にかかるお金の合計です。

◆必要な老後資金を計算：老後にかかるお金の合計から、【ステップ 3-4】（P.59）老後のその他の収入合計（次ページ【D】）と、【ステップ 1-1】（P.19）老後用に使える預金があればそれらを差し引きます。ここで出た金額が必要な老後資金です。老後用に使える預金とは、【ステップ 1-1】の記入のさいに、100万円以上貯まっている口座は「備考」欄に老後用や教育費用など使う用途や金額をメモ書きしていると思うので、その金額を記入します。

◆１年間で貯める老後資金額を計算：必要な老後資金を、今から定年までの年数で割ったものが、１年間で貯める老後資金の額です。

◆１年間で貯める老後資金額を割り振る：【ステップ 4-4】（P.80）必要預金額の「年間合計」欄に１年間で貯める老後資金額を転記し、さらに 12 か月で割った金額を毎月貯める額として、【ステップ 4-4】（P.80）必要預金額の「月額」欄に記入します。
ボーナスから貯める分が出たら、【ステップ 3-2】（P.53）ボーナスの「使い道」欄へ忘れずに記入しましょう。

## 【ステップ 3-7】老後資金を計算

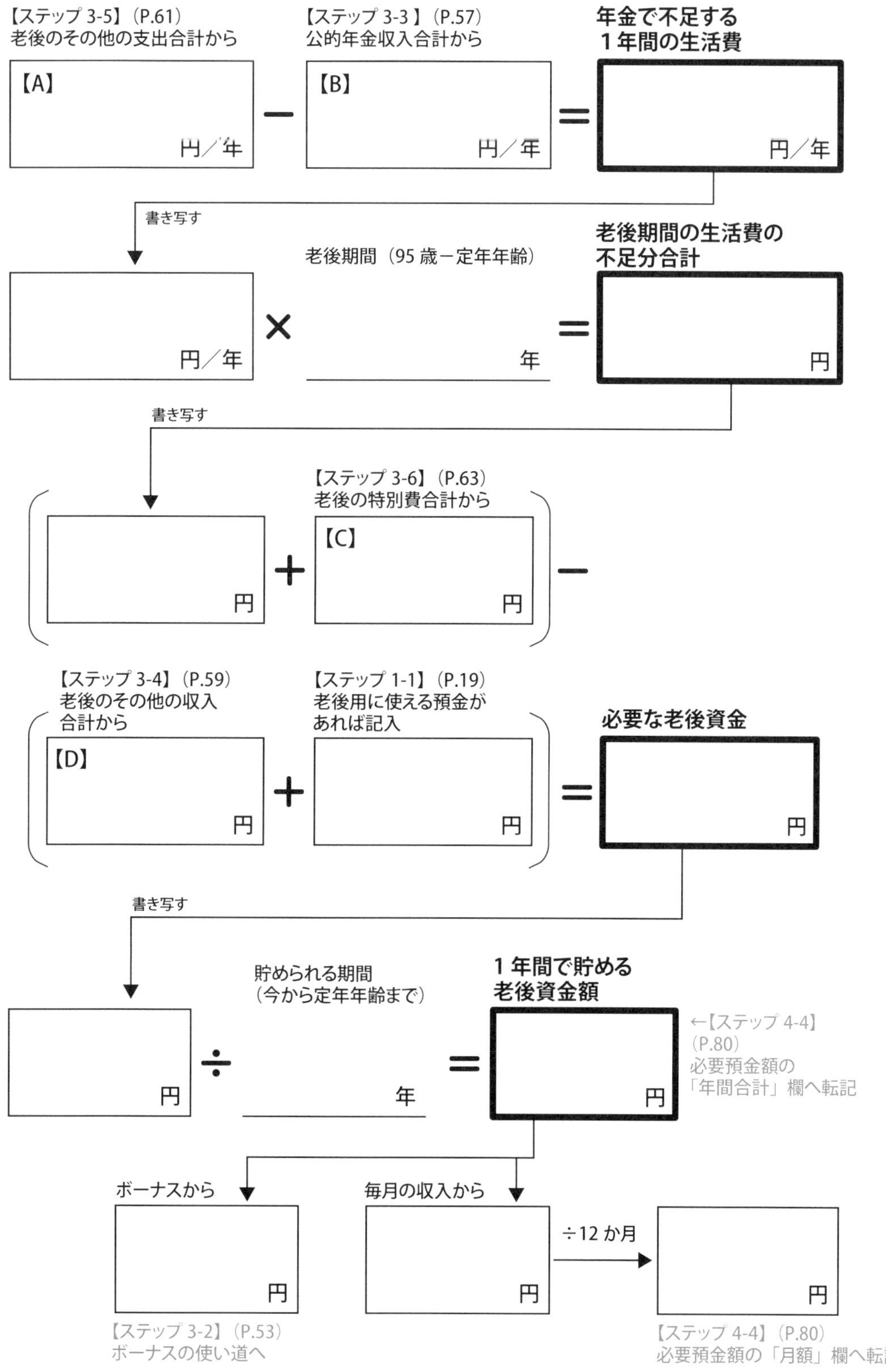

## いろいろな退職金制度

老後資金について考えるときに退職金はとても重要な要素です。それにも関わらず実は３割の人は実際に受け取るまで退職金の額を知らず、２割は退職が半年後に迫ってからしか知らないという調査結果があります。つまり、半数は退職金を含めた老後の計画ができていないということです。

８割の会社は退職金制度を用意して、その平均は 1,700 ～ 2,000 万円といわれています。しかし、東京都産業労働局の「中小企業の賃金・退職金事情（平成 30 年版）」によると、日本の会社の大多数を占める中小企業では、大学卒業で勤続 35 年を超えて定年退職した場合の退職金の平均は 1,200 万円ほどとなっています。この 500 万円の差は大きいですし、従業員が 10 名未満の会社では退職金が 500 万円より少ないことも珍しくはありません。また、退職金は法律で支払いを義務付けられたものではないため、業種や会社によってはそもそも退職金がないこともあります。

あるのとないのとでは老後の計画が大きく違ってくるので、具体的な金額とはいわないまでも、前もって制度については知っておきたいところです。

退職金制度は、次の表のように退職時に一括で受け取る「退職一時金」タイプと、分割して受け取る「企業年金」タイプがあり、これらが併用されていることもあります。退職金制度がある場合は、就業規則や退職金規程を定める決まりになっていますから、次の表を参考に、これらの言葉が書いてある書類がないか確認しましょう。総務部などで聞くことができればそれが一番確実です。

**退職金、企業年金制度**

<table>
<tr><td rowspan="4">退職一時金</td><td rowspan="3">退職一時金制度</td><td>基本給連動型</td></tr>
<tr><td>ポイント制</td></tr>
<tr><td>定額制</td></tr>
<tr><td>中小企業退職金共済制度</td><td></td></tr>
</table>

<table>
<tr><td rowspan="4">企業年金</td><td>確定給付型年金</td></tr>
<tr><td>厚生年金基金</td></tr>
<tr><td>キャッシュバランスプラン</td></tr>
<tr><td>確定拠出年金</td></tr>
</table>

転職などで勤続年数が短くなれば退職金の額はまったく変わってきます。退職金がない会社への就職もあるかもしれません。ないならない、少ないなら少ないで自分で対策を行うことができますから、早いうちに確認しておくことが肝心です。

# 第4章

# その他の必要預金額をチェックしましょう！

【ステップ4-1】

# 住宅ローンの繰り上げ返済必要額を計算する

## 住宅ローンは定年までには完済できるように

前章で老後のための必要預金額を計算しましたが、貯めなくてはいけないお金は老後資金だけではありません。この章では、老後資金以外の必要預金額を3つの【ステップ】を使って計算していき、そのあと「貯まる仕組みシート」を完成させます。このシートを作ることで、いくら貯めて、いくら使えるのかが明確になります。

住宅ローンは長い期間で借りて完済年齢が70歳近くになっているケースも見受けられます。長寿化している現在では、退職金での完済を当てにするのはリスクが大きく、定年以降もローンを払い続けるのは老後の暮らしを圧迫します。

次ページの【ステップ4-1】を使って、定年までに完済するための住宅ローンの繰り上げ返済必要額を計算し、毎年いくら貯めていけばいいのかを計算しましょう。元利均等で返済している場合は、毎月支払っている金額の中に利息分も入っているため元本部分の計算が複雑です。ここではあまり細かい計算はせず、定年以後も支払わなくてはいけない住宅ローン分を計算して貯めていくことにします。

### ● 次ページの計算式の書き方

**夫名義と妻名義に分けて繰り上げる必要がある金額を計算します。まずは定年までに完済するために、今の時点での完済年齢と定年年齢の差を出しましょう。その年数に現在の住宅ローンの年間返済額を掛けたものを繰り上げ返済必要額とします。夫名義と妻名義は合算します。**

**この合算額を今から定年までの年数で割り、1年で貯める額が出たら、毎月から貯める額とボーナスから貯める額に割り振り、【ステップ3-2】(P.53)と【ステップ4-4】(P.80)に転記します。**

### 定年まで待たずに繰り上げたいとき

定年まで待たずに、途中で繰り上げ返済を計画したいときは「何年後にいくら」と決めて準備しましょう。金融機関のウェブサイトなどでシミュレーションをすると繰上げ返済の効果を試算することができます。次ページの計算の下段、「繰り上げ返済必要額」欄と、「貯められる期間」欄を埋めて同様に計算していきます。

## 【ステップ 4-1】住宅ローンの繰り上げ返済必要額を計算

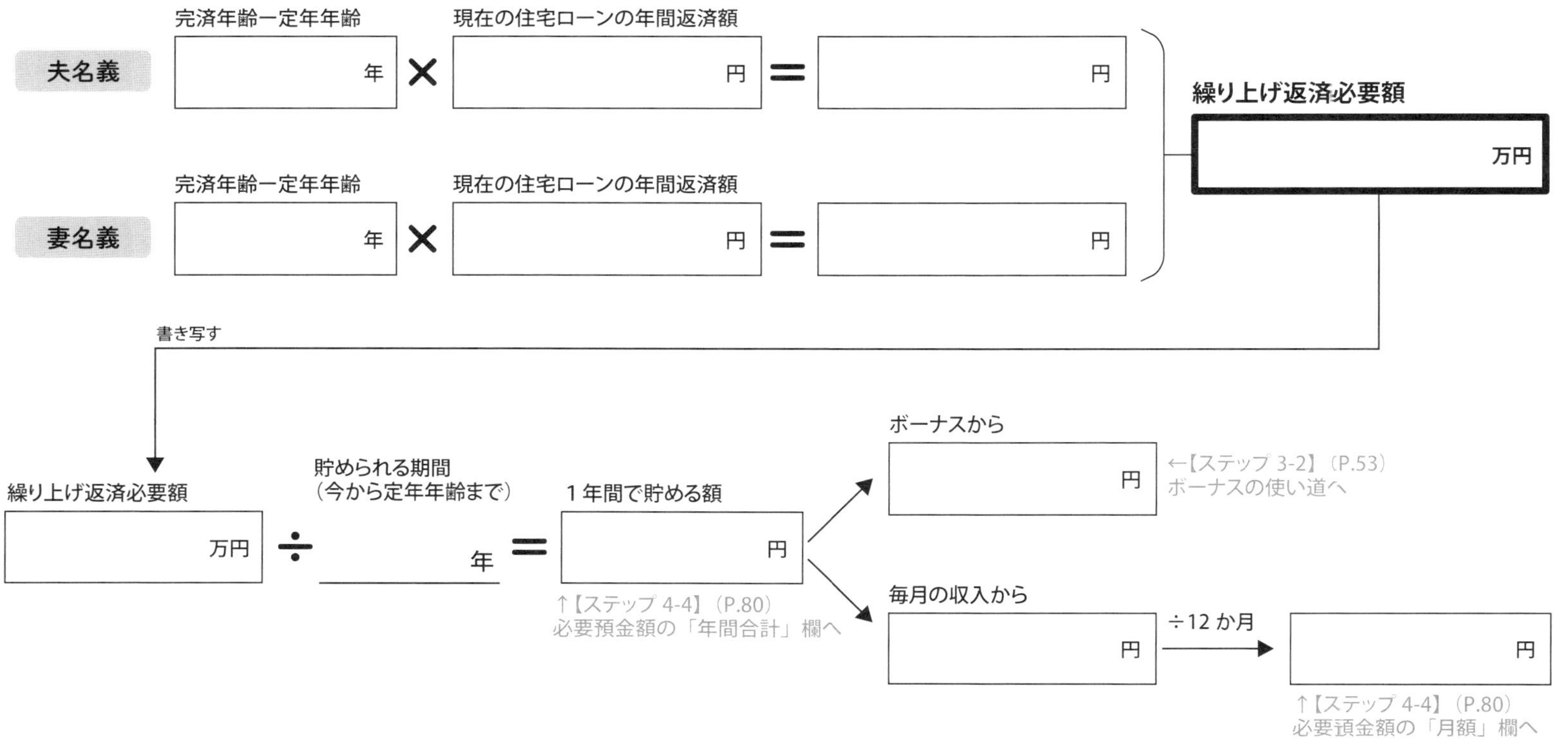

**夫名義**
完済年齢ー定年年齢　年 × 現在の住宅ローンの年間返済額　円 ＝ 円

**妻名義**
完済年齢ー定年年齢　年 × 現在の住宅ローンの年間返済額　円 ＝ 円

**繰り上げ返済必要額**
万円

書き写す

繰り上げ返済必要額　万円 ÷ 貯められる期間（今から定年年齢まで）　年 ＝ 1年間で貯める額　円

↑【ステップ 4-4】（P.80）必要預金額の「年間合計」欄へ

ボーナスから　円

←【ステップ 3-2】（P.53）ボーナスの使い道へ

毎月の収入から　円 ÷12か月 → 円

↑【ステップ 4-4】（P.80）必要預金額の「月額」欄へ

# 子どもの教育費はどこまでかける？

□高校までの教育費は家計から出しましょう
□いくらまで出すか金額を決めましょう
□夫婦・親子でよく話し合いましょう

## 高校までの学年ごとの教育費

子育て世帯のお金の心配の一つが「教育費」です。まずは一般的にどのくらいの教育費をかけているのか次の表から見てみましょう。

**高校までの学年ごとの教育費の目安**

（単位：万円）

| 小学校 | 公立 | 1年 | 2年 | 3年 | 4年 | 5年 | 6年 | 合計 |
|---|---|---|---|---|---|---|---|---|
| | 教育・給食費 | 15.3 | 8.0 | 9.0 | 9.0 | 10.0 | 12.9 | 64.2 |
| | 学校外活動費 | 19.8 | 18.3 | 20.3 | 22.0 | 23.9 | 24.2 | 128.5 |
| | 合計 | **35.1** | **26.3** | **29.3** | **31.0** | **33.9** | **37.1** | **192.7** |
| | 私立 | 1年 | 2年 | 3年 | 4年 | 5年 | 6年 | 合計 |
| | 教育・給食費 | 131.9 | 83.6 | 84.9 | 86.9 | 90.3 | 93.0 | 570.6 |
| | 学校外活動費 | 57.3 | 53.1 | 56.8 | 62.8 | 72.8 | 86.1 | 388.9 |
| | 合計 | **189.2** | **136.7** | **141.7** | **149.7** | **163.1** | **179.1** | **959.5** |

| 中学校 | 公立 | 1年 | 2年 | 3年 | 合計 |
|---|---|---|---|---|---|
| | 教育・給食費 | 23.9 | 14.8 | 16.1 | 54.8 |
| | 学校外活動費 | 21.8 | 28.8 | 40.8 | 91.4 |
| | 合計 | **45.7** | **43.6** | **56.9** | **146.2** |
| | 私立 | 1年 | 2年 | 3年 | 合計 |
| | 教育・給食費 | 134.3 | 90.4 | 97.6 | 322.3 |
| | 学校外活動費 | 28.2 | 32.6 | 38.6 | 99.4 |
| | 合計 | **162.5** | **123.0** | **136.2** | **421.7** |

| 高校 | 公立 | 1年 | 2年 | 3年 | 合計 |
|---|---|---|---|---|---|
| | 教育費 | 37.0 | 30.0 | 17.1 | 84.1 |
| | 学校外活動費 | 13.8 | 16.1 | 23.3 | 53.2 |
| | 合計 | **50.8** | **46.1** | **40.4** | **137.3** |
| | 私立 | 1年 | 2年 | 3年 | 合計 |
| | 教育費 | 95.6 | 66.1 | 53.3 | 215.0 |
| | 学校外活動費 | 20.4 | 23.2 | 31.9 | 75.5 |
| | 合計 | **116.0** | **89.3** | **85.2** | **290.5** |

※学校外活動費は習い事や塾などの費用。
（出典）文部科学省「平成30年度子供の学習費調査」より筆者作成。

## 高校までの教育費は貯めずに出せる範囲内で

小学校からの教育費を合計すると確かに大きなお金がかかります。ただし、この額は全て「貯めて出す」ものではありません。高校までは公立なら月々は大きな金額はかかりません。高校までは、家計から出せる範囲で進路や習い事を選択させると考えておくと良いでしょう。例えば、私立中学校を選択肢に入れるのなら、習い事などの学校外活動費も含め「年間平均140万円＝約11万円／月」が家計にとって負担でないかが一つの判断基準です。兄弟姉妹の年齢が近い場合は同時にかかってくることもお忘れなく。

## 大学の教育費は資金準備が大事

まとまってお金がかかるのは大学資金ですから、大学進学費用を親が負担するつもりなら、まずは大学資金の準備を優先しましょう。

大学の教育費は初年度に多くかかります。大学への入学金は30～40万円程度ですが、それと同額程度「受験費用」や「合格したが入学しなかった学校の納付金」がかかっています。

**大学の教育費の目安**

（単位：万円）

| | 国公立 | 1年 | 2年 | 3年 | 4年 | 合計 |
|---|---|---|---|---|---|---|
| 大学 | 入学費用・学校教育費 | 182.8 | 105.8 | 105.8 | 105.8 | 500.2 |
| | 家庭教育費 | 9.2 | 9.2 | 9.2 | 9.2 | 36.8 |
| | 合計 | **192.0** | **115.0** | **115.0** | **115.0** | **537.0** |
| | **私立文系** | **1年** | **2年** | **3年** | **4年** | **合計** |
| | 入学費用・学校教育費 | 238.3 | 143.2 | 143.2 | 143.2 | 667.9 |
| | 家庭教育費 | 8.9 | 8.9 | 8.9 | 8.9 | 35.6 |
| | 合計 | **247.2** | **152.1** | **152.1** | **152.1** | **703.5** |
| | **私立理系** | **1年** | **2年** | **3年** | **4年** | **合計** |
| | 入学費用・学校教育費 | 277.5 | 183.3 | 183.3 | 183.3 | 827.4 |
| | 家庭教育費 | 8.9 | 8.9 | 8.9 | 8.9 | 35.6 |
| | 合計 | **286.4** | **192.2** | **192.2** | **192.2** | **863.0** |

※入学費用に含めるのは、学校納付金、受験費用、合格したが入学しなかった学校の納付金。
※学校教育費は、授業料、教科書代、通学費などの費用。
※家庭教育費は、学習塾、参考書、習い事などの費用。
（出典）日本政策金融公庫「令和2年度 教育費負担の実態調査」より筆者作成。

## 自宅「外」通学は地域性が大きい

大学になると習い事などの学校以外の家庭教育費の金額は少なくなります。しかし、自宅を離れ一人暮らしをして学校に通うときは、学校教育のほかにも住居費や生活費がかかってきます。

大学生で自宅外から通学しているのは3割弱。同じ都道府県内でも地域によって差がありますので、今の住まいから子どもが大学に通えるか考えておきたいところです。

**自宅外通学者が多い地域**

1位…長野県　2位…秋田県　3位…和歌山県　4位…山梨県
5位…青森県　6位…香川県　7位…岩手県　8位…島根県
9位…大分県　10位…徳島県

（出典）日本政策金融公庫「令和元年度 教育費負担の実態調査」より筆者作成。

## 仕送りは年間平均で約102万円

自宅外通学の場合は、次のグラフのように平均して年間約102万円の仕送り額がかかっています。自宅外通学も視野に入れる場合は4年間で学費のほかに約400万円の費用が上乗せになる計算です。

**自宅外通学の場合の年間仕送り額**

| なし | 0～50万円 | 50～100万円 | 100～150万円 | 150～200万円 | 200万円以上 |
|---|---|---|---|---|---|
| 7.9% | 14.1% | 32.0% | 29.5% | 10.3% | 6.2% |

（出典）日本政策金融公庫「平成30年度　教育費負担の実態調査」より筆者作成。

親族の家に下宿させて通わせるつもりが、できなくなって急きょアパートを借りたり、自宅から通える範囲の大学に合格できずに自宅外になったりということもあります。親の希望のケース以外の可能性も想定しておきましょう。

## 教育費を「いくらかける」か、夫婦で話し合う

教育費はかけようと思えばいくらでもかけることができます。兄弟姉妹が多くいれ

ばその分かかる総額も増えていきます。だからこそ教育費の準備で大切なのは「いくらかけるか」をまずは親が話し合って決めておくことです。

どこまでお金をかけるかは、自分がどんな教育を受けてきたかなどによって夫婦でも感覚の差が出るところ。いざ大学進学について決めるというときに全て出すつもりでいた妻と、奨学金を借りるものと思っていた夫との間で意見が食い違うということのないように、早くから「いくらかけるか」の意識のすり合わせをしておきましょう。

**夫婦で確認しておきたい教育費のこと**

- どんな習い事をさせたい？
- 私立への進学は視野に入れるか？　入れるなら準備はいつから？
- 奨学金を借りることについてどう思うか？
- 希望の進路に受からなかったら浪人を認めるか？

どちらかが学歴にコンプレックスがあったり、特に教育熱心だったりすると、相手の意見を聞かずに教育費に過剰にお金をかけてしまうことがあります。どうせ関心がないから、と一方だけで決めることのないように、教育方針や教育資金のかけ方については早くからお互いの意見を聞く時間を持つと良いでしょう。

## どこまで負担できるか親子でも早めに話す

親子での話し合いも大事です。そもそも大学への進学は親の義務ではありません。

学びの恩恵を受けるのは子ども本人なので、子ども自身が費用の負担をするのはおかしなことではありません。だからこそ、「一人 500 万円まで」「私立文系程度の 700 万円まで」「それを超えた分は子ども本人が奨学金を借りる」など、どこまで子どもの学習の支援をするかは親が主体的に決めて良いはずです。

もちろん学歴が子どもの生涯賃金に影響することは少なからずありますし、できるなら応援してあげたいのが親心。ただし青天井で出していては、親の老後資金を含めた人生設計が難しくなってしまいます。

子どもからは親の懐事情は見えにくいものですから、どこまで出す予定でいるかは進学ギリギリではなく早めに話しましょう。その上で、その範囲で進学先を探すか、奨学金を借りるかなどの手段を一緒に考えていくのが良いでしょう。

【ステップ4-2】
# 教育費の必要預金額を計算する

## 教育費をゴールから逆算する

どこまで教育費を「かける」かを決めたところで、そこへ向かって今からいくら貯めていけばいいかをここでは計算していきましょう。金額は仮決めで構いません。家計に余力があればあとから出してあげることはできますから、まずは目標額を設定し「毎月いくら貯める」まで落とし込んで計算をしていきます。

### ●次ページの計算式の書き方

◆「教育費の目標額」欄：子どもごとに今の時点で家計から出すと決めている教育費の上限額を記入します。例えば自宅通学で国公立の大学へ進学するまでの教育費を準備する予定なら「500万円」などです。子どもが3人以上いる場合も同様に計算していきます。

◆「準備できている額」欄：次の例を参考に、すでに準備できている額や、今のままいけば準備できる額を記入します。

●学資保険→満期で受け取れる額を記入
●終身保険→17歳時点の解約返戻金額を記入

【ステップ 1-1】（P.19）の預金の中で、すでに教育費として貯まっているものがあればそれも準備できている額に入れます。児童手当を教育費用に取り分けて貯めているときは、次の表を参考に、中学校卒業まで受け取ったらいくらになるのかを計算して記入しましょう。

**児童手当の額（月額）**

| 子どもの人数 | 3歳未満 | 3歳～小学校卒業まで | 中学校卒業まで |
|---|---|---|---|
| 1人目 | 15,000円 | 10,000円 | 10,000円 |
| 2人目 | | | |
| 3人目以降 | | 15,000円 | |

※所得制限される場合は特例給付となり金額が下がります。

◆「1年間で貯める額」欄：「教育費の目標額」と「準備できている額」の差が、これから貯めていく必要がある教育費です。推薦入試や受験費用などで大学入学前からお金がかかりだすことを考慮して17歳までに貯める計算としています。

◆「1年間の教育費の必要預金額」欄：子ども一人ずつの「1年間で貯める額」が計算できたらそれらをすべて合算し、ここでもボーナスからの預金と毎月の預金に振り分けましょう。

## 【ステップ 4-2】教育費の必要預金額を計算

**第一子**

名前

| 教育費の目標額 | − | 準備できている額 | | | ÷ | 貯められる期間（17 歳ー今の年齢） | = | 1 年間で貯める額 |
|---|---|---|---|---|---|---|---|---|
| 円 | − | 内訳の合計 | | 円 | ÷ | 年 | = | 円 |
| | | 内訳 | 保険 | 円 | | | | |
| | | | 預金 | 円 | | | | |
| | | | 児童手当 | 円 | | | | |
| | | | 贈与など | 円 | | | | |

**第二子**

名前

| 教育費の目標額 | − | 準備できている額 | | | ÷ | 貯められる期間（17 歳ー今の年齢） | = | 1 年間で貯める額 |
|---|---|---|---|---|---|---|---|---|
| 円 | − | 内訳の合計 | | 円 | ÷ | 年 | = | 円 |
| | | 内訳 | 保険 | 円 | | | | |
| | | | 預金 | 円 | | | | |
| | | | 児童手当 | 円 | | | | |
| | | | 贈与など | 円 | | | | |

足す

**1 年間の教育費の必要預金額**

円

書き写す

1 年間の教育費の必要預金額

円

↑【ステップ 4-4】（P.80）
必要預金額の「年間合計」欄へ

ボーナスから

円

←【ステップ 3-2】（P.53）
ボーナスの使い道へ

毎月の収入から

円

÷12 か月 →

円

↑【ステップ 4-4】（P.80）
必要預金額の「月額」欄へ

【ステップ4-3】

# その他の必要預金額を計算する

## 準備が必要な目標を確認する

ここまで老後資金、住宅ローンの繰り上げ返済必要額、教育費という比較的大きなお金がかかる目標に向かっての預金額を計算してきました。ここではそれ以外の中長期的な預金目標を考えましょう。

まず、必ず準備しておきたいのは家電の買い替え費用です。家電の種類が増え、値段も上がっている昨今では「家電の買い替え代金」の預金は必須です。主要な家電の平均使用年数は次の表のようになっています。家電によってばらつきがあるので、ここでは10年ごとに買い替えが発生するとみなして10年で準備をしていきます。

**家電の平均使用年数**

| 冷蔵庫 | 洗濯機 | 掃除機 | エアコン | テレビ | デジカメ | パソコン | 携帯電話 |
|---|---|---|---|---|---|---|---|
| 12.8年 | 10.2年 | 7.5年 | 13.7年 | 9.7年 | 6.1年 | 7.1年 | 4.9年 |

（出典）内閣府「消費動向調査」<二人以上の世帯>主要耐久消費財の買替え状況。平成31（2019）年4月～令和2（2020）年3月。

### ● 次ページの計算式の書き方

◆「家電買い替え」欄：家で使っている必須の家電を全て買い替えたらトータルでいくらになるかをおおよそ見積もり「目標額」欄に記入します。ここでは10年で準備することとしますので、10年で割り、1年間に貯めていく金額を計算しましょう。
計算した金額をここまでのステップ同様にボーナスから貯めるのか毎月の収入から貯めるのかに分け、【ステップ3-2】（P.53）と、【ステップ4-4】（P.80）に転記します。

◆「『家電買い替え』以外」欄：家電以外にも車の購入費、住宅購入の頭金、リフォームや住み替えなど比較的「必要性」が高いものもあるでしょうし、海外旅行や親子留学、自分や家族へのご褒美、独立開業などより豊かな人生のための「夢」に近いものもあるかもしれません。それぞれ目標額といつまでに貯めるかを決めて計算していきます。
漠然とした預金はゴールのないマラソンのようなものです。どれくらい目標へ向かって近づいているのかを実感できると、預金も続けやすくなるもの。「何のために・いつ・いくら」を明確にし、具体的な数字にして叶えていきましょう。特に思い当たらないときは記入しなくて構いません。

## 【ステップ 4-3】その他の必要預金額を計算

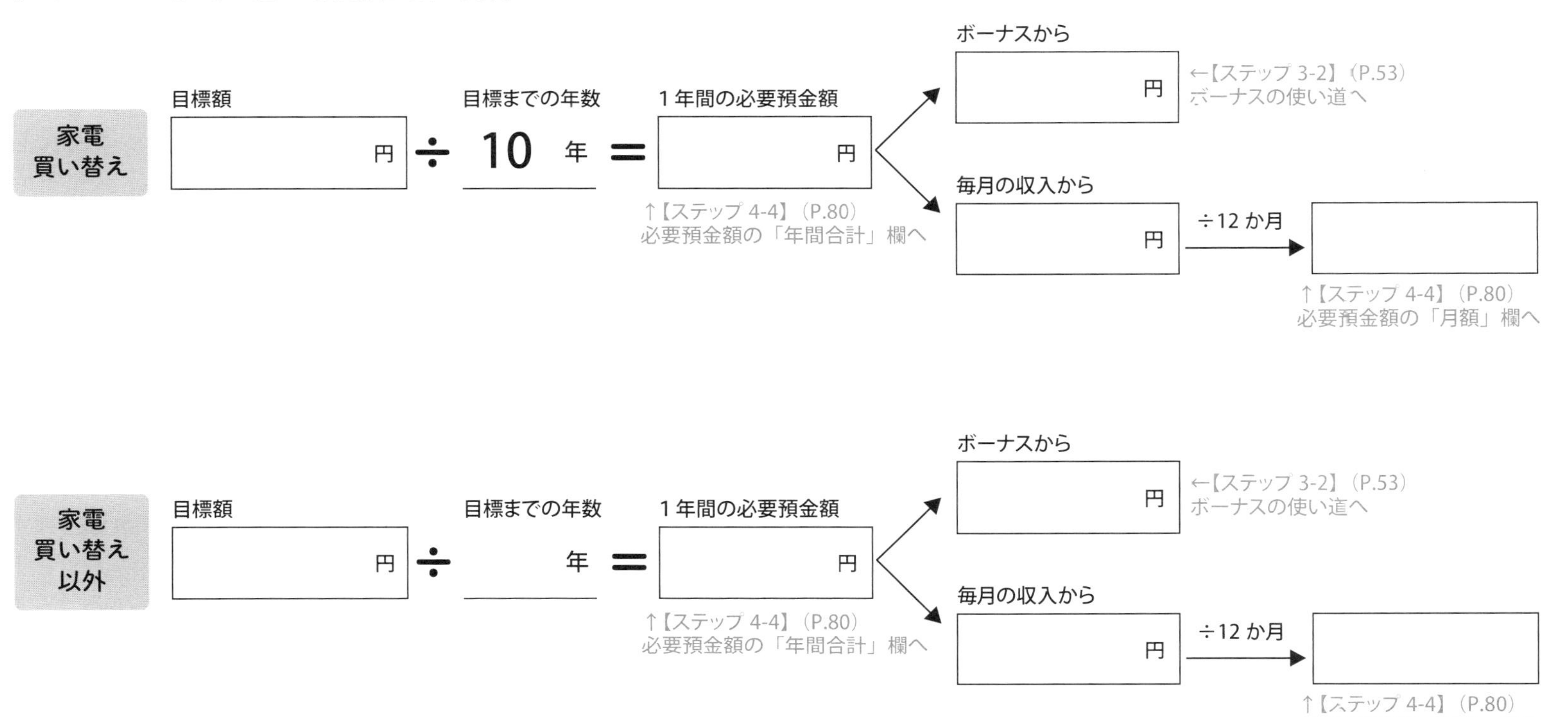

【ステップ4-4】

# 貯まる仕組みシートを完成

## 身の丈に合った暮らしとは

いよいよ本書の貯まる仕組み作りのクライマックスです。ここまで時間をかけて計算してきた数字を基にP.80・81にある【ステップ4-4】の「貯まる仕組みシート」を完成させましょう。

このシートでわかることは、特別支出を先取りで分け、目標のために預金をした上で、「収入に見合った暮らしができているか？」と、「毎月いくら変動費として使えるか？」ということです。

赤字家計はもちろんすぐに改善が必要ですし、収支がトントンで預金ができなかったり、何となく残った分だけ貯めていたりするようでは計画的とはいえません。次の図の右下のように①収入から②必要預金額を引き、③特別支出積立を先取りでよけ、④固定費と⑤変動費を支払ってピッタリとゼロになれば「収入に見合った暮らし」といえます。

**身の丈に合った家計とは？**

× 赤字家計

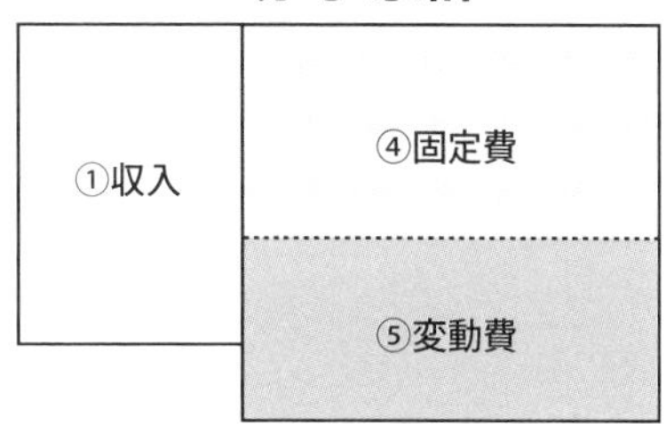


× 使い切り家計

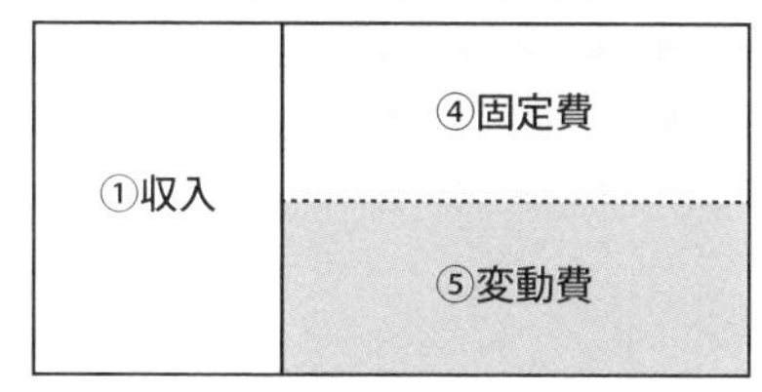


△残し貯め家計

①収入
④固定費
⑤変動費
残りを預金

○貯まる仕組み家計

①収入
②必要預金額
③特別支出積立
④固定費
⑤変動費
使えるお金

## 家計簿をつけなくても貯まる家計に！

左ページの図をもう少し詳しくご説明すると、収入から預金と特別支出積立を引き、固定費を引いた残りが変動費としてひと月に「使えるお金」です。その金額を守って暮らしていれば、将来のための預金も、特別支出の支払いにも対応できます。

必要な先取り預金ができているわけですから、食費や日用品費、娯楽費などを細かく分けて記録する必要はなく、家計簿いらずの家計になります。

例えば、ひと月に使える変動費が 10 万円と計算できたら、そのうち 2 万円は電子マネーなどにチャージし、残りの 8 万円を 4 週間で分け、1 週間に 2 万円お財布に入れておくなど工夫すると、うっかり使いすぎることを防ぎ、お給料日前にお財布が寂しくなることもなくなります。

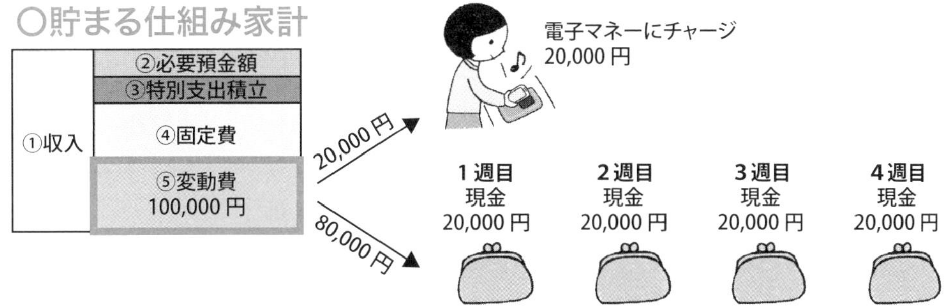


## 身の丈を超えた暮らしになっているときは？

もし、収入から預金と支出を引いた額がマイナスになってしまっているなら、身の丈を超えた暮らしをしているということですから、改善のための対策が必要です。

収入を増やす、固定費を減らす、変動費を見直すほかに目標の預金額を下方修正するなどの対策が考えられます。詳しくは第 5 章でご紹介していますので、貯まる仕組みシートを作るだけにとどまらず、改善を実行し貯まる家計を作っていきましょう。

いずれにしても貯まる仕組みシートが出来上がったら、まずは 1 か月お試しでやってみてください。その上で、使えるお金（変動費）をどこから引き出すか、貯めるお金をどこに貯めていくのかなどを次節で紹介する「何が、どこから表」を使って管理していきます。

### 【ステップ4-4】貯まる仕組みシートを完成させる

この【ステップ 4-4】では現状でどのくらいの暮らし方ができているのかを把握するために、今まで計算したそれぞれの【ステップ】の数字を基に、貯まる仕組みシートを作成します。複数の表から転記して少し複雑なため、書き方と表のフォームを一緒に掲載しています。

◆「収入」欄の書き方：【ステップ 2-4】(P.45) から年間収入と月額収入を転記します。これらの収入合計が預金と支出に使える全てのお金です。

| 【ステップ 2-4】(P.45)「収入」欄より転記 | | | 年間収入 | 月額収入 |
|---|---|---|---|---|
| 収入 | 夫 | 給料 | 円 | 円 |
| | | ボーナス | 円 | |
| | 妻 | 給料 | 円 | 円 |
| | | ボーナス | 円 | |
| | その他収入 | | 円 | |
| | 収入合計 | | ① 円 | ② 円 |

◆「必要預金額」欄の書き方：収入の使い道の一つとして先取りする、必要預金額を各ステップから転記してきます。

| | | 年間合計 | 月額 |
|---|---|---|---|
| 必要預金額 | 【ステップ 3-7】(p.65) より転記<br>１年間で貯める老後資金額 | 円 | 円 |
| | 【ステップ 4-1】(P.69 ) より転記<br>住宅ローンの繰り上げ返済必要額 | 円 | 円 |
| | 【ステップ 4-2】(P.75) より転記<br>１年間の教育費の必要預金額 | 円 | 円 |
| | 【ステップ 4-3】(P.77) より転記<br>家電買い替え必要預金額 | 円 | 円 |
| | 【ステップ 4-3】(P.77 ) より転記<br>家電買い替え以外の必要預金額 | 円 | 円 |
| | 必要預金額合計 | ③ 円 | ④ 円 |

◆「特別支出積立」欄の書き方：【ステップ 3-1】（P.51）で特別支出を分類して積立額を計算しました。「年間積立額合計」欄と、「『毎月の収入から』の積立合計」欄の金額を転記しましょう。ここでは「ボーナスから」の積立合計は使いません。

| | 年間積立額合計 | 月額 |
|---|---|---|
| 特別支出積立 | ステップ【3-1】（P.51）<br>年間積立額合計より転記<br>⑤ | ステップ【3-1】（P.51）<br>「毎月の収入から」の積立合計より転記<br>⑥ 円 |

◆「固定費」「変動費」欄の書き方：【ステップ 2-4】（P.45）の固定費と変動費の「年間支出」「月額支出」欄を転記しましょう。

| 【ステップ 2-4】（P.45）「支出」欄より転記 | | 年間支出 | 月額支出 |
|---|---|---|---|
| 固定費 | 生活費合計 | 円 | 円 |
| | 教育費合計 | 円 | 円 |
| | 車関係合計 | 円 | 円 |
| | 保険料合計 | 円 | 円 |
| | ローン合計 | 円 | 円 |
| | 家族合計 | 円 | 円 |
| | 固定費合計 | ⑦ 円 | ⑧ 円 |
| 変動費 | 生活費合計 | 円 | 円 |
| | 娯楽費合計 | 円 | 円 |
| | 医療費合計 | 円 | 円 |
| | 教育費合計 | 円 | 円 |
| | 車関係合計 | 円 | 円 |
| | 変動費合計 | ⑨ 円 | ⑩ 円 |

◆収支の差額を計算する：収入合計（P.80）から、必要預金額合計（P.80）、特別支出積立、固定費、変動費を引いた額がゼロになれば、収入に見合った暮らしといえます。

| 年間合計 | 月額 |
|---|---|
| ①－(③+⑤+⑦+⑨)<br>円 | ②－(④+⑥+⑧+⑩)<br>円 |

### 貯まる仕組みシートの結果診断

収支の差額がプラスになったときは、プラス分が自由に使えるお金です。必要預金額を増やしてもいいですし、変動費の予算を増やしてもう少しゆとりのある生活にするのもいいでしょう。ただし、固定費を増やすときは老後の生活サイズが大きくならないか注意が必要です。

# 「何が、どこから表」とは

- □お金の流れを整理しましょう
- □給与天引きの内容を把握しましょう
- □各口座から決まって出ていく額を調べましょう

## お金の流れを整えて家計管理を楽にする

貯まる仕組みシートを完成させたことで、「いくら貯める」「いくら使える」かがわかりました。ここからはそれに加えて「どの口座から支払う」「どの口座に貯める」というお金の流れを整えるために、【ステップ 4-5】（P.87）で「何が、どこから表」という表を作成します。ここでは、なぜ「何が、どこから表」が必要なのかを理解してください。

貯まる仕組みシートを見るとトータルでは黒字のはずなのに、「家計管理がしにくい」「貯まっていく実感が持てない」という家計は、お金の流れが悪いからかもしれません。「どの口座から何を支払い」「どの口座から必要預金額が準備できるのか」を把握し、お金の流れを整理して管理の手間を減らすと、お金が貯まっていくことが実感しやすくなります。

**「何が、どこから表」を作ることでわかること**

- 口座ごとのお金の動きがわかる
- どの口座から、いくら預金できるかを把握できる
- 口座間でのお金の移動がいらなくなる

## 給与口座に入る「前」の支出もチェック

日ごろから給与明細をチェックする習慣がないと、給与口座に振り込まれている金額を「手取り額」と勘違いしがちです。手取りというのは手当などを含んだ給料から税金と社会保険料を引いたものです。

給与から天引きされる財形貯蓄などの預金や、団体保険などは手取りに含まれます。

給与明細を見てみると、ほかにも組合費や旅行積立、社宅の家賃、企業型確定拠出年金の従業員掛金などが引かれていることもあります。自分の給料から払っているものですから、一つひとつどんなお金なのかを確認しましょう。

特に団体保険は少ない掛金で大きな保障がついていることもよくあります。天引き額が1,000円程度だとチェックをしないままになっていることもありますが、その保障を確認せずにさらに民間の保険に加入していると必要以上の保障にお金をかけてしまっている可能性もあります。振込額だけでなく、必ず給与明細を確認して「手取り」「給与天引きの支出」を「何が、どこから表」に記入するようにしましょう。

**給与明細のサンプル**

| | | | | | | |
|---|---|---|---|---|---|---|
| 支給 | 基本給 | 残業手当 | | | | 支給合計 |
| | 323,000 | 29,407 | | | | 352,407 |
| 控除 | 社会保険料 | 雇用保険料 | 所得税 | 住民税 | | |
| | 54,758 | 1,057 | 8,220 | 20,700 | | |
| | 確定拠出年金掛金 | 一般財形 | 団体保険 | 持株積立金 | 組合費 | 控除合計 |
| | 4,000 | 15,000 | 2,450 | 10,000 | 2,990 | 119,175 |
| 集計 | | | | 現金支給額 | 振込支給額 | 差引支給額 |
| | | | | 0 | 233,232 | 233,232 |

手取り額 267,672円（税金と社会保険料等を引いたもの）

34,440円も差額!

口座への振込額 233,232円

手取りから支払っているもの

## 各口座ごとの収支をとらえる

これまでの章では「収支」という点で家計を見てきましたが、それに加えて「何が、どこから」を把握することで家計の全体像が一望できるようになります。

**口座ごとにチェックするもの**

- 口座に必ず入ってくる金額
- 毎月固定で出ていくもの
- クレジットカードで決済する固定費

口座ごとに確認をすると、口座によってはそもそも固定費だけで口座に入ってくる金額を上回っていたり、食費や日用品費などの変動費としての使えるお金を引き出すには足りないとわかることもあります。

シンプルに管理ができるように、次ページでは「何が、どこから表」を作ることでどの口座からいくらぐらいのお金を使うことができるのか確認していきましょう。

# 【ステップ4-5】「何が、どこから表」を作る

## お金の流れをチャートにしましょう

ここからは、これまでまとめてきたそれぞれの口座の考え方やチェック方法を基に、実際にわが家の「何が、どこから表」を作っていきます。次の囲み内の「書き方（1）～（5）」と、次ページのK家の「何が、どこから表」の左列「書き方（1）～（5）」はリンクしているので併せてご覧になってください。

**●P.87 の表の書き方**

◆**書き方（1）** 天引き内容・金額、給料振込額を記入：給与明細から天引きされている内容と金額を記入し、その下には給料振込額を書き込みます。

◆**書き方（2）** 給料の振込先銀行名を記入：同じ銀行が複数ある場合は「〇〇銀行①」「〇〇銀行②」など書いておくと、家族に説明するときも便利です。給料を複数の金融機関に振り込まれるように設定しているときは、それぞれ分けて記入します。

◆**書き方（3）** 口座引き落としを記入：口座から毎月（または定期的）に「引き落とし」されているものを記入します。記入の順番は、金額が大きい順または日付順のどちらでも結構です。

◆**書き方（4）** クレジットカード支払いを記入：クレジットカードで支払うものの合算を記入します。口座からの引き落としと、クレジットカード決済を混乱しないように注意しましょう。

◆**書き方（5）** 給与口座から引き出す・手動で振り込むお金を記入：（4）までの各支払いで残った金額を記入し、そこからさらに「引き出す」「手動で振り込む」お金を記入します。お財布に入れる日常のお金は「生活費」でまとめて問題ありません。お小遣いなどはどこから支出しているか家計ごとに違ってくるので、まさに「何が、どこから」を整理してみましょう。

## K家（正社員×パート）の「何が、どこから表」

Kさんご夫婦は夫が正社員で、妻が扶養内パートという家庭です。

固定費の引き落としはそれぞれ給料振込口座からにし、通信費などの変動が少ないものはカード決済にしています。インターネットショッピングで購入する日用品は上限を決めて夫名義のクレジットカードで購入しています。妻の給料口座からは、妻名義の保険と学校関係の費用を引き落としています。妻の給料から出す食費などの生活費は少なめにし、妻の収入からも将来への預金をしています。

今後新たに預金用の銀行口座を一つ作り、そこに夫の給与口座の残高から特別支出積立と将来への預金額を毎月移す予定でいます。

### K家の「何が、どこから表」

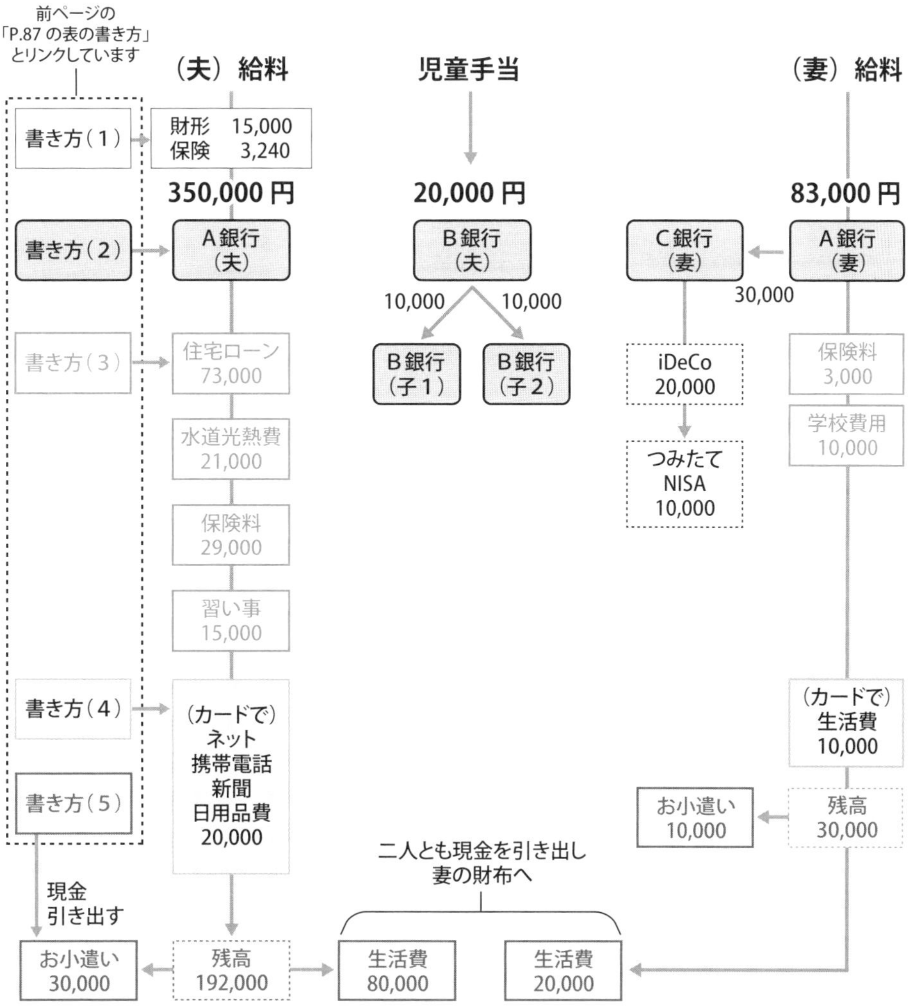

**K家の家計の特徴**

- 生活費はそれぞれの口座から月に一度引き出す
- カードは枚数を絞り上限を決めて使う
- パート収入からも将来の預金をする

## T家（正社員×正社員）の「何が、どこから表」

Tさんの家庭は夫婦の収入差の少ない家計です。子どもが3人で妻が産休・育休を取りながら働いてきました。また二人とも年収に対してのボーナスの割合が大きく、ボーナスは毎年安定してもらっています。給料口座にお金が残っていきがちなため、今後は預金専用の口座を作り、夫はiDeCoやつみたてNISA口座も開設して給料口座からお金を振り替えていきます。

夫も日用品などの買い物をするため、生活費の一部を電子マネーにチャージして支出しています。

**T家の「何が、どこから表」**

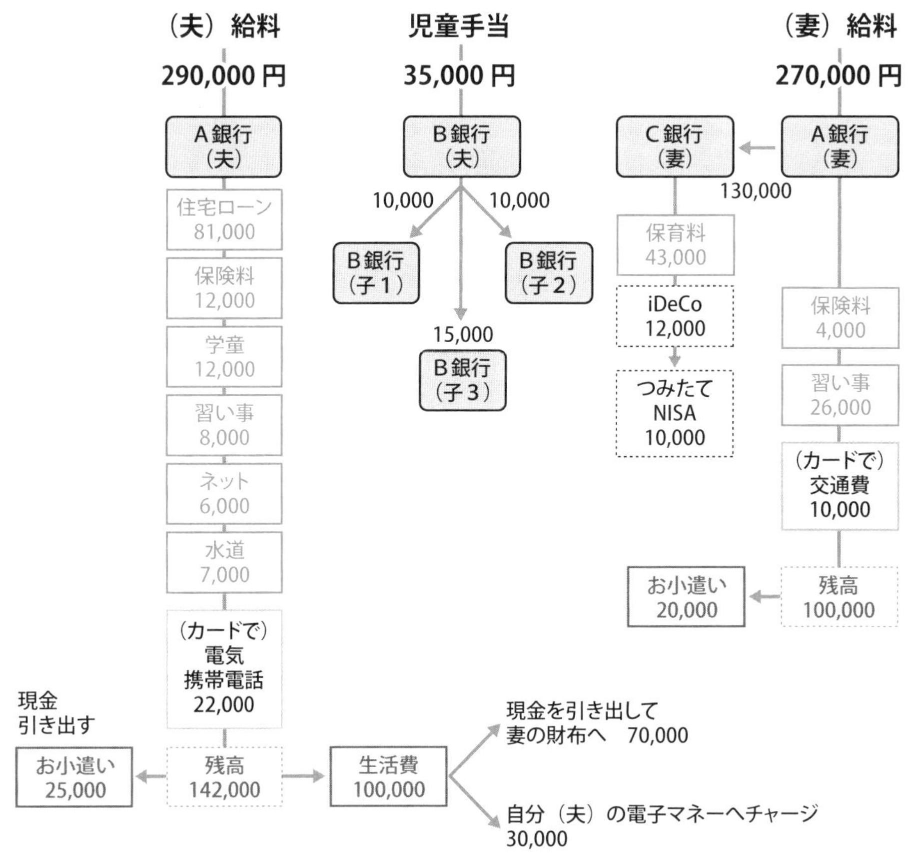


**T家の家計の特徴**

- 保育料が銀行を指定されているため、妻は使う口座が2つある
- ボーナスで夫名義の預金も増えるようにする
- 毎月のお小遣いは抑えてボーナスからもお小遣いを確保する

## 【ステップ 4-5】わが家の「何が、どこから表」を記入

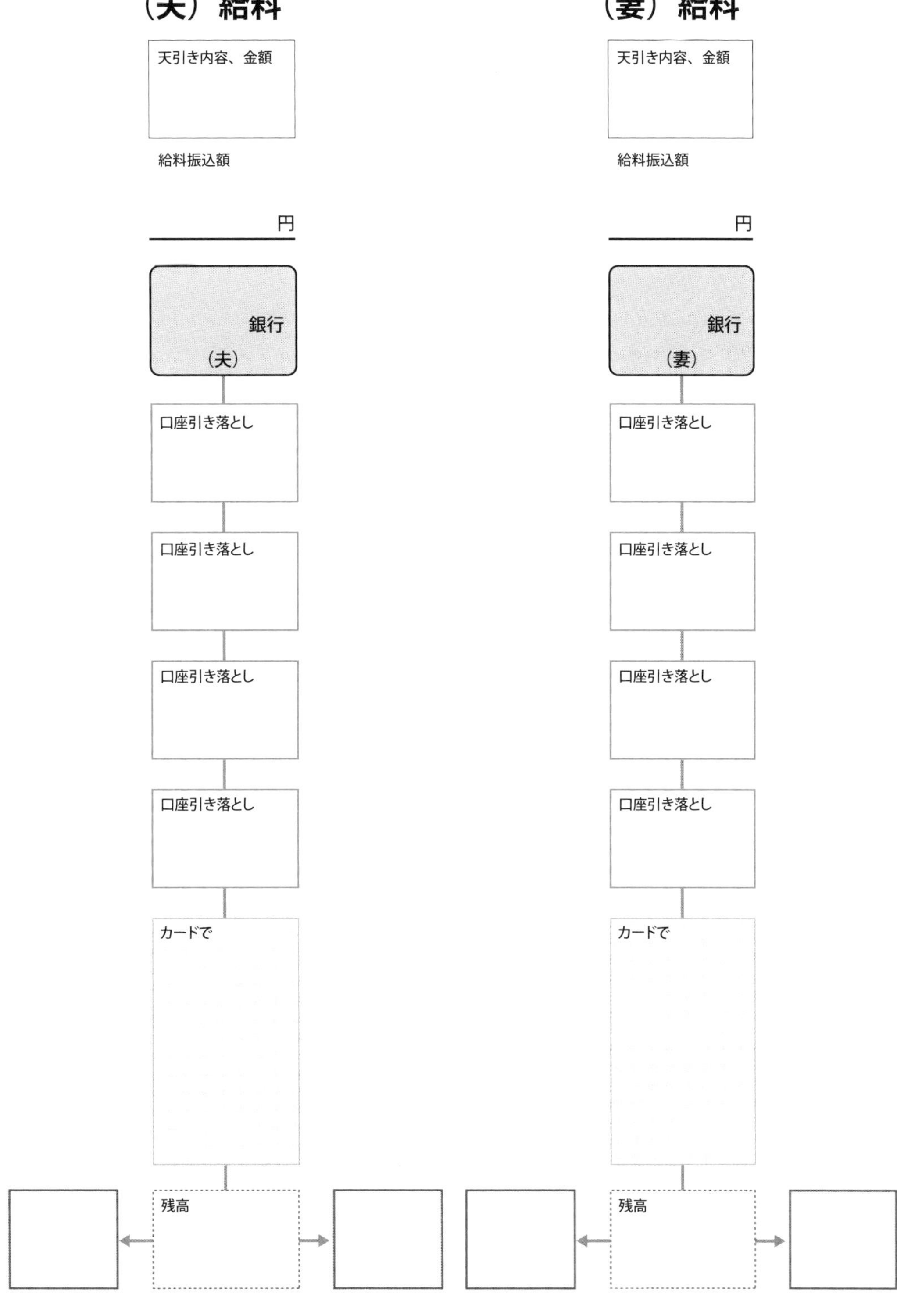

# 夫婦それぞれが「使う」「貯める」口座を持つ

□「使う口座」「貯める口座」を分けましょう
□通帳を家計簿代わりにしましょう
□お金は目的に応じた場所で貯めましょう

## 使う口座・貯める口座を夫婦それぞれが持つ

前ページで「何が、どこから表」を作ってみて、それぞれの口座から決まって出ていくお金が明らかになりました。それ以外の金額が、預金に回したり変動費として使える金額です。もし、お金をあちこちから支出していたり、口座間でお金を頻繁に移動していたりするようなら、固定費は可能な限り給料口座に集めるようにしましょう。

ただし、共働きはどちらか一方の口座にお金を集めてしまうのは財産管理の観点から好ましくありません。夫婦それぞれの名義で「使う口座」「貯める口座」を作るのがポイントです。

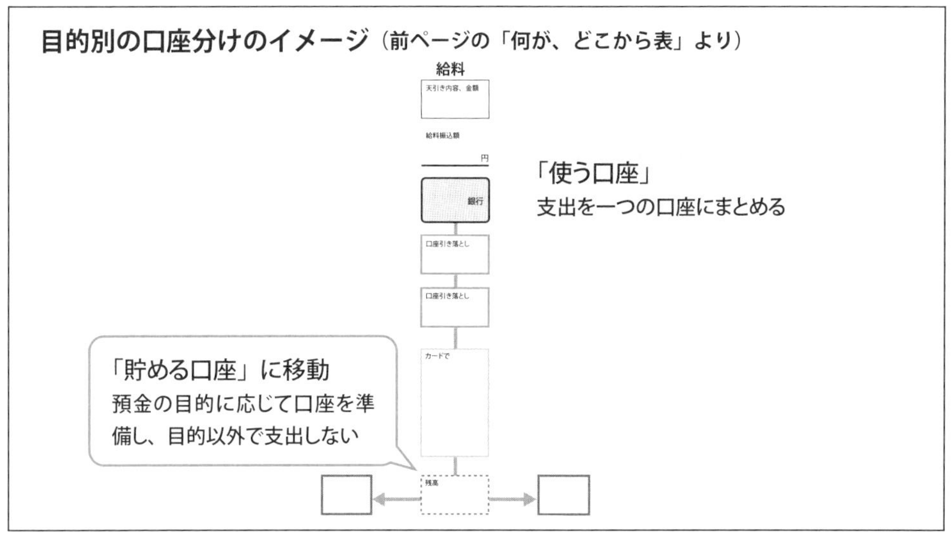


妻の収入が少ない場合、引き落としは夫の口座に集め、妻の口座からは日常の（お財布に入れておく）生活費などを負担するというのも管理しやすい方法です。

## 通帳を家計簿代わりにする

「使う口座」を決めることで、家計簿をつける必要がなくなるという嬉しい効果も出てきます。それぞれお給料が入ってくる口座から家賃や保険料など毎月決まった固定費の支払いをし、生活費として日常に使う金額も引き出す額を決めておくのです。足りなくなるつどダラダラと引き出すのをやめて、「お給料日と月初」など決めた日付、あるいは「毎週金曜日」などの期間で決めた額を下ろすようにします。残りのお金はこの使う口座には貯めないようにします。

もちろん使う口座にお金を貯めないといっても残高ギリギリではなく、口座の残高には多少のゆとりを持たせるか、総合口座に定期預金をセットし「当座貸越」ができるようにしておきましょう。そうすれば、もしイレギュラーな引き落としがあっても残高不足でトラブルになることはありません。

夫婦それぞれでこのように「使う口座」を管理していきましょう。

## 貯めるお金は目的に応じた「貯める口座」へ

貯めると決めた額は使う口座に残して貯めるのではなく、目的に応じて「貯める口座」に移動しましょう。特別支出積立は出入りが比較的多いため下ろしやすいところ。教育費は子ども名義の口座、老後費用など使う時期がまだ先のものはつみたてNISA口座やiDeCoなど運用する口座というようにしましょう。

### 給料口座の使い方のイメージ

| | | 入金 | 出金 | 残高 | |
|---|---|---|---|---|---|
| | | | | 300,000 | → 1か月分の給与程度の残高を残す |
| 15日 | 給料 | 300,000 | | 600,000 | |
| 15日 | 生活費 | | 100,000 | 500,000 | → 生活費は決めた日に定額で下ろす |
| 15日 | お小遣い | | 30,000 | 470,000 | → お小遣いを決めた日に下ろす |
| 20日 | 住宅ローン | | 80,000 | 390,000 | |
| 25日 | 電気代 | | 8,000 | 382,000 | |
| 25日 | ガス代 | | 5,000 | 377,000 | → 毎月の固定費 |
| 27日 | 保険料 | | 25,000 | 352,000 | |
| 30日 | クレジットカード | | 15,000 | 337,000 | |
| 1日 | 預金口座へ | | 37,000 | 300,000 | → 預金額を貯める口座に移動する |

# 有利な制度で老後の自分へ仕送りをする

- □老後資金は貯めながら増やしましょう
- □つみたてNISAは安全に増やせます
- □節税もできるiDeCoも共働きには有利です

## 老後資金は「貯めながら増やす」

貯めるお金はその目的ごとに置き場を変えるのが有利です。第３章で算出した老後資金の多さに驚いたかもしれませんが、老後のための預金は将来の自分への仕送りです。老後までの時間を有利に使い資産運用をすることで未来の自分に届けるお金を増やしていくことが可能です。忙しい共働きは「長期・積立・分散」でお金を育てられる口座に貯めていきましょう。

ただ預金をするのではなく、国が勧めるつみたて NISA、iDeCo などを利用しながら、時間と金利を上手に使うと老後の自分への仕送りをより有利にすることができるのです。

これらの制度なら、儲かる会社を見つけるために頑張って勉強をしたり、世界経済の動きに敏感になったり、増やすための元本をたくさん貯めてから始めるのではなく、時間と金利を使って「貯めながら増やす」ことができます。

**金利 0.01%の預金と３%で運用したときの違い**

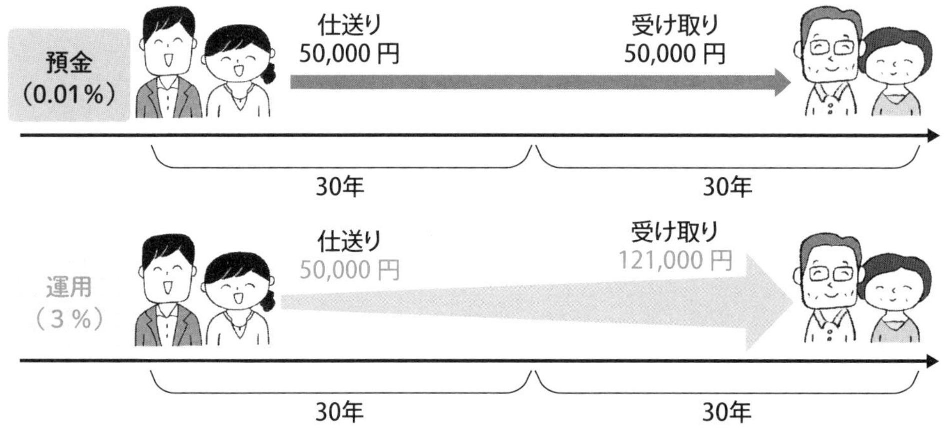

## 国が用意した投資制度が、つみたてNISA

つみたてNISAは運用初心者がお金を育てるために適した制度です。長期・積立・分散が取り入れやすく、金融庁が「長期での資産形成に向いているもの」として厳選した投資信託がラインナップされています。つみたてNISAの制度を使って投資できるのは年間40万円までですが、非課税期間は20年間。800万円（40万円×20年間）の投資元本から増えた分は税金がかからず全て自分の取り分になります。

**つみたてNISAの特徴**

- 特徴1 **少額から投資信託を買える** 100円～、ポイントで……など（金融機関による）
- 特徴2 **運用益が非課税** 本来かかる20.315%の税金がかからない
- 特徴3 **年間40万円の非課税枠** 20年間で最大800万円が積立可能
- 特徴4 **安定的にお金を育てやすい商品がラインナップ**

## 老後資金なら、iDeCoでさらに節税のメリットも

老後資金を貯めながら増やすなら、「個人型確定拠出年金（iDeCo）」を使うのがもっとも有利です。つみたてNISAと同じく、iDeCoの口座の中で増えた分は非課税で、その期間は最長70歳まで続きます。さらにiDeCoの口座に入れたお金は所得税や住民税の対象から外すことができるため、節税の効果が高いのです。老後の自分に仕送りしながら今の自分も節税できる、共働きには嬉しい制度です。

**iDeCoの特徴**

- 特徴1 **積み立てたときから節税になる** 積立金額が全額所得控除
- 特徴2 **運用益が非課税** 本来かかる20.315%の税金がかからない
- 特徴3 **引き出しは60歳以降** 老後まで「出せない」から確実
- 特徴4 **掛金は人によって違う** 公的年金の種類と会社の制度をチェック

## 資産の中にもう一人の働き手を作る

年に一度作ることをお勧めしているバランスシート（P.29）ですが、そこから確認して欲しいのはわが家の本当の財産である「純資産」の額のほかに、「お金を生み出す資産がわが家にどの程度あるか」についてです。

私たちは自分が働くことで収入を得る「労働収入」を基本としてお金を受け取っています。この収入が増えれば人生の選択肢が広がるのは間違いありません。とはいえ、人が働ける時間や体力には限りがあります。だからこそ、資産の中に「もう一人の稼ぎ手」を育てていっていただきたいと思います。それが投資信託などのお金を生み出す資産です。

例えば同じ 500 万円であっても、利率 0.01％ の銀行預金に預けていては 20 年後に 501 万円にしかなりませんが、投資信託で平均 3％ で運用していけば 903 万円になります。自分が働くのではなく 500 万円が働いて 403 万円を稼いできたことになります。このような収入のことを「資産収入」といいます。今すぐにこのようにまとまったお金がなくても、毎月 1 万円ずつだとしてもお金を生み出す資産を増やしていきましょう。老後までに頼もしい稼ぎ手に育つでしょう。

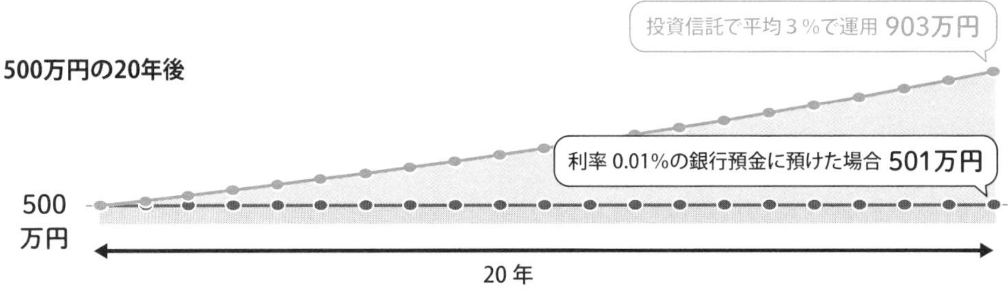


自分が働かずに得る収入に対して特に日本人はズルいもの、良くないものという感覚を持ちがちですが、投資の本質はそのようなズルさとはかけ離れたものです。

私たちの世界を豊かにすると思える会社に応援の資金を提供し、それによって会社は社会に豊かさを還元し、投資家にもお金が入ってくる仕組み。

自分のためにも社会のためにもなる資産が、バランスシートの中で働いてくれているか、見ていきたいですね。

# 第5章

# 見直せる支出がないかチェックしましょう！

# 使えるお金が足りないときの4つの対策

□身の丈の暮らしを考えてみましょう
□ゆとりと必須を分けてみましょう
□4つの対策で収支を改善しましょう

## 預金も含めて「身の丈」の暮らし

第４章では「家計が黒字」の前提でお金の流れを整え、預金の置き場についてどうするか考えてきました。しかし、貯まる仕組みシートを作ってみたら生活費として使えるお金（変動費）が足りなかったという家計もみかけます。

必要預金額を貯めたり、特別支出積立をしたりしなければ「日常のお金が足りない」ということはないかもしれませんが、長い期間で見てみると「身の丈以上」の暮らしをしていることが原因で老後の生活が困る可能性も出てきます。ここからは使えるお金が足りなかったときの４つの対策を検討していきます。

## 対策１：ゆとり部分を一度外してみる

貯めるべきお金や特別支出積立の中にもゆとり部分があるでしょうから、使えるお金が「収入を超えている＝家計が破綻する」ではありません。将来の海外旅行やリフォーム、ご褒美などのゆとりの部分を一度計算から外して確認してみましょう。

## 対策２：預金の目標額を下げる

ゆとりを外してもオーバーしてしまっているときは、目標としている預金額を下げる必要があるかもしれません。

ここで気を付けたいのは、必ず必要になる老後費用や、繰り上げ返済が必要なローンのためのお金なども下方修正しないようにすることです。教育費に大きく予算を割いているときなどは、親が出すと決める額を下げ、子どもと話し合いながら奨学金を利用してもらうなども検討します。

## 対策３：収入を増やす

収入を増やすことも大事な対策です。今扶養内で働いているのなら、扶養を外れて正社員などの働き方を模索するのも良いでしょう。

出産・育児などで仕事を辞め、子育てで忙しくしていると「これ以上忙しくなりたくない」と扶養内で働き続けている方も多いです。また、今より働いたほうがいいと漠然とは思っていても、どの程度収入を増やせば良いか目安がわからないと行動に移しにくいという方もいます。しかし、貯まる仕組みシートを完成させ不足額が明確になっていれば、「あといくらぐらい収入を増やすと良いか」が見えているはずです。

例えば、次のように月給８万円の扶養内の働き方から、月給 18 万円の社員になり社会保険に加入して 25 年間勤務すると、生涯で使うことができる家計のお金も大きく変わります。

**月給８万円のパート勤務から、月給 18 万円の社員になると**

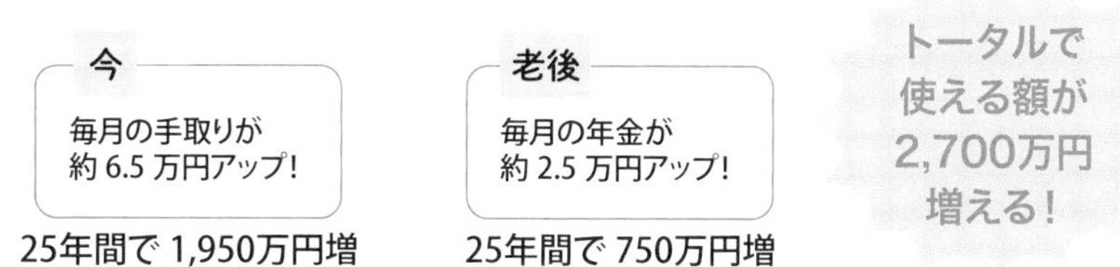


社会保険に自分が加入することができれば、今の収入が増えるだけでなく、老後の厚生年金が増え（老後資金が増える）、万が一の時の保障が増え（保険などの固定費が下がる）などの効果も期待できます。

## 対策４：固定費を見直す

もう少し預金を増やしたい場合は、支出の見直しが欠かせません。節約というと食費や水道光熱費の削減などが思いつきますが、それよりもまず手を付けるべきは固定費の削減です。一度減らすと効果がずっと続くため、生涯で考えると大きな節約ができます。次節からは、保険や住宅ローンなどの固定費の削減を検討していきます。

【固定費の見直し①】

# 生活サイズを基に保険を見直す

□保険の見直しは遺族年金から行います
□受け取れる遺族年金額は人によって違います
□生命保険の必要保障額は自分で計算するのがベストです

## 適正な保険は自分にしかわからない

住宅に次いで大きな買い物といわれる保険ですが、必要以上に過剰な保険料を払っていることがあります。暮らしぶりは人それぞれですから、必要な保険は自分で選んだり、見直したりしていくことで大幅な節約ができることが多いのです。

## 保険の見直しは遺族年金の計算から

民間の保険を見直す前に確認したいのは、全員が加入している公的年金から下りる遺族年金の支給額についてです。遺族年金は、次のように国民年金から給付される「遺族基礎年金」と、厚生年金から給付される「遺族厚生年金」の2つがあります。

- **遺族基礎年金の支給額**
  **残された18歳までの子ども（障害がある場合は20歳）の数に応じて年間、1人なら約100万円、2人なら約122万円、3人なら約130万円が支払われます。なお、子どもが4人以上いる場合は4人目以降の子ども1人につき、年間約 7.5 万円加算されます。**
- **遺族厚生年金の支給額**
  **掛けてきた厚生年金の額に応じて、残された配偶者や子どもに支払われます。また妻は条件を満たすと、遺族基礎年金終了など～65歳は年間約58万円の「中高齢寡婦加算」が遺族厚生年金に追加されます。遺族厚生年金は終身受け取ることができますが、65歳になり老齢年金の受給が始まると年金額が調整されます。**

## 受け取れる遺族年金の種類

遺族年金は亡くなったときの公的年金の状況によって、受け取れる種類が変わります。なお、残された配偶者の前年の年収が 850 万円以上の場合は遺族基礎年金も遺族厚生年金も支給されません。

遺族年金の額は「ねんきん定期便」を使って算出します。ねんきん定期便がない、未納期間が長いなど自身の年金記録がわからない方は、万が一の給付が受けられない可能性を考慮して年金事務所で一度確認すると良いでしょう。

- **会社員の夫が亡くなった場合**
  - 18 歳までの子どもの人数に応じた「遺族基礎年金」
  - 夫の厚生年金額に応じた「遺族厚生年金」
  - 遺族基礎年金終了から 65 歳まで「中高齢寡婦加算」
- **自営業の夫が亡くなった場合**
  - 18 歳までの子どもの人数に応じた「遺族基礎年金」

  （例外）死亡時に年金の受給資格期間（下図 C）が 300 か月以上のときは、遺族厚生年金も受給可
- **会社員の妻が亡くなった場合**
  - 18 歳までの子どもの人数に応じた「遺族基礎年金」
  - 18 歳までの子どもがいる期間だけ「遺族厚生年金」
- **専業主婦・扶養内の妻が亡くなった場合**
  - 18 歳までの子どもの人数に応じた「遺族基礎年金」

### 「ねんきん定期便」からの遺族厚生年金（年額）を計算する方法

**2. これまでの年金加入期間**（老齢年金の受け取りには、原則として 120 月以上の受給資格期間が必要です）

| 国民年金(a) | | | 船員保険(c) | 年金加入期間 合計（未納月数を除く）(a+b+c) | 合算対象期間等 (d) | 受給資格期間 (a+b+c+d) |
|---|---|---|---|---|---|---|
| 第 1 号被保険者（未納月数を除く） | 第 3 号被保険者 | 国民年金 計（未納月数を除く） | | | | |
| 29 月 | 月 | 29 月 | 月 | | | |
| 厚生年金(b) | | | | | | |
| 一般厚生年金 | 公務員厚生年金 | 私学共済厚生年金 | 厚生年金保険 計 | | | |
| 136 月 | 月 | 月 | A 136 月 | 月 | 月 | C 165 月 |

**3. これまでの加入実績に応じた年金額**

| | |
|---|---|
| (1) 老齢基礎年金 | 220,000 円 |
| (2) 老齢厚生年金 | |
| 一般厚生年金期間 | B 240,000 円 |
| 公務員厚生年金期間 | 円 |
| 私学共済厚生年金期間 | 円 |
| (1) と (2) の合計 | 460,000 円 |

**【遺族厚生年金の計算方法】**

- A が 300 月以上の場合
  → B ×3/4
- A が 300 月未満の場合
  → B ÷ A ×300×3/4

↑P.99 の遺族厚生年金の計算へ転記

**計算例：240,000÷136×300×3/4≒397,050 円（年額）**

# 生命保険の見直しのために遺族年金を計算する

## 受け取れる遺族年金の金額を計算する

万が一のことが起きたとき、どの遺族年金が受け取れるかを確認したところで、具体的な金額を計算していきましょう。なお、ここで算出される65歳までの遺族年金合計は、次節で行う生命保険の見直しにも使用します。

遺族厚生年金は原則として終身受給できますが、老齢年金との調整があるため、ここでは65歳までの遺族年金を計算していきます。子どもが巣立ったあとは遺族年金に頼らず働くことで自分自身の人生を支えていくことが大事です。

### ●次ページの計算式の書き方

◆遺族基礎年金の計算：遺族基礎年金は18歳までの子どもの人数に応じて支給額が決まります。年間で子どもが１人なら約 100万円、２人なら約122万円、３人なら約130万円です。子どもの人数に応じた欄に記入しましょう。
今、６歳・４歳・２歳の子どもがいるとしたら「子どもが３人＝約 130万円」となり、12年後に長子が18歳になると、そこからは「18歳未満の子どもが２人＝約122万円」に金額が変わります。

◆遺族厚生年金の計算：遺族厚生年金は、死亡した方がこれまでに作ってきた厚生年金額を基に計算します。P.97の「ねんきん定期便」からの算出方法を参考に遺族厚生年金を記入しましょう。妻が亡くなった場合には、原則として夫に支給される遺族厚生年金は遺族基礎年金が出ている期間だけなので、末子が18歳までの期間です。なお、妻が死亡した場合は、夫が55歳以上の場合という例外があります。

◆中高齢寡婦加算の計算：妻が残されたときに限っては遺族基礎年金終了（末子が18歳）などから65歳までの間、遺族厚生年金の追加手当として、年間約58万円の中高齢寡婦加算があります。

## 遺族基礎年金の計算

**●18 歳以下の子どもが 1 人のとき**

100 万円 ×（子が 18 歳になるまでの年数）［　　年］＝［　　万円］

**●18 歳以下の子どもが 2 人のとき**

122 万円 ×（第 1 子が 18 歳になるまでの年数）［　　年］＋

100 万円 ×（第 1 子が 18 歳以後、第 2 子が 18 歳になるまでの年数）［　　年］＝［　　万円］

**●18 歳以下の子どもが 3 人のとき**

130 万円 ×（第 1 子が 18 歳になるまでの年数）［　　年］＋

122 万円 ×（第 1 子が 18 歳以後、第 2 子が 18 歳になるまでの年数）［　　年］＋

100 万円 ×（第 2 子が 18 歳以後、第 3 子が 18 歳になるまでの年数）［　　年］＝［　　万円］

足す →

**遺族基礎年金合計**

［① 　　万円］

## 遺族厚生年金の計算

P.97 の計算式から算出した遺族厚生年金額

［　　万円］×（65 歳になるまでの年数）［　　年］＝

**遺族厚生年金合計**

［② 　　万円］

## 中高齢寡婦加算の計算

58 万円 ×（末子が 18 歳になってから 65 歳までの年数）［　　年］＝

**中高齢寡婦加算合計**

［③ 　　万円］

①＋②＋③
（65 歳までの遺族年金合計）
［　　万円］

↑P.103 夫が死亡した以降、入ってくるお金の（1）「遺族年金」欄へ転記

# 生命保険で補う必要保障額を計算する

## 必要保障額の考え方を確認する

ここからは65歳までに必要な民間の生命保険の保障額を計算していきましょう。夫亡きあとの収入と支出の差が保障として必要な概算額です。夫が死亡すると夫の給料分が全額不足すると考える方が多いですが、次の図のように必要保障額の計算には、前節で計算した遺族年金や、死亡退職金も夫亡きあとの収入に含めて考えます。

**必要保障額の考え方**

| 収入 | 支出 |
|---|---|
| 遺族年金 | 残された家族の生活費 |
| 死亡退職金 | |
| 残された妻の収入 | 子どもの教育費 |
| 現在の預金 | その他の費用 |
| 必要な保障 | 葬儀費用 |

この部分を民間の生命保険で補う

ここでは夫が亡くなるケースを見ていきますが、妻が死亡したときのパターンも必要に応じて計算してください。

## 生命保険が不要なケースとは

この後のP.103で計算する、65歳までに生命保険で補う必要保障額が「夫が死亡した以降、入ってくるお金の合計>夫が死亡した以降、出ていくお金の合計」になったときは、生命保険は必要がないということです。実は、正社員で共働きや、団体信用生命保険を掛けていて死亡すると住宅ローンは支払いがなくなるなどのケースでは生命保険はいらなかったということが多いものです。

逆に「夫が死亡した以降、出ていくお金の合計>夫が死亡した以降、入ってくるお金の合計」のときは、その差額が生命保険で用意する保障額です。



## 現在加入している保険の保障額と比較する

保険証券や保障の内容がわかるものを用意して「死亡したときにいくらの保険金が下りるのか」を確認しましょう。例えば、「ケガで死亡したとき」などの条件付きの傷害保険はここでは計算から外しておくほうがいいでしょう。理由を問わず死亡したときに下りる保険のみを計算します。もらえる保険金のほうがP.103で計算する必要保障額より多ければ、多い分は保障額の減額や解約することで保険料を節約することができます。もし、自分が加入している保険の保障内容がわからないようなら、必ず契約している代理店や保険会社に確認しておきましょう。

## 残された家族の生活費を想定する

【ステップ4-4】（P.81）で算出した貯まる仕組みシートから、特別支出積立と固定費と変動費を記入してみましょう。そこから夫名義で団体信用生命保険がかかっている住宅ローンや、夫のお小遣い、払込免除になる保険料、携帯電話代など、夫が死亡した場合に不要になる支出を反映させたものが残された家族の暮らしにかかるお金です。あまり小さく見積もると、実際には減らなかったときに困ってしまいます。また、幼い子を残して亡くなったときなどは、仕事を続けるために育児の手を借りたり、働く時間をセーブせざるを得ないなども起こりうるでしょう。変動費は減らしすぎず、固定費の中の確実に減るものだけを反映させましょう。

**残された家族の生活費（月額）を計算**

| | 現在の家計 | 残された家族の生活費<br>※現在の家計から予測する |
|---|---|---|
| **特別支出積立** | 【ステップ4-4】（P.81）特別支出積立⑥から転記<br>円 | Ⓐ 円 |
| **固定費計** | 【ステップ4-4】（P.81）固定費合計⑧から転記<br>円 | Ⓑ 円 |
| **変動費計** | 【ステップ4-4】（P.81）変動費合計⑩から転記<br>円 | Ⓒ 円 |

| Ⓐ＋Ⓑ＋Ⓒ<br>（残された家族の生活費合計） | 円／月 |
|---|---|

↑P.103 夫が死亡した以降、出ていくお金の（5）「生活費」欄のⒹへ転記

## ●P.103「夫が死亡した以降、入ってくるお金」の書き方

◆（1）「遺族年金」欄：P.99で計算した65歳までの遺族年金合計額を転記します。

◆（2）「退職金」欄：退職金制度がある企業に長く勤めていると、在職中の死亡は数百万円～ 1,000万円近い死亡退職金が出ることもあります。勤続年数が短いとほとんど出ないこともありますので、退職金規定や就業規則に計算の方法が記載されていないか調べてみましょう。

◆（3）「収入」欄：夫亡きあと、妻が1年間でどの程度働けるか予想しましょう。今、扶養の範囲内で働いていても夫が死亡した場合は正社員を目指して働けそうならその予定額でも構いません。しかし、予定通り働けるとは限らないので、あまり無理のない数字にしておきます。

◆（4）「資産」欄：これからの収入だけではなく、今すでにある資産も収入とみなして計算します。【ステップ 1-1】（P.19）で整理した現金や預金、財形貯蓄などを確認しましょう。

## ●P.103「夫が死亡した以降、出ていくお金」の書き方

◆（5）「生活費」欄：P.101で見積もった残された家族の生活費が末子が23歳になるまで続くと仮定しⓓ欄に記入します。末子が23歳を過ぎてから65歳まではⓓの金額を80% 程度減らした額を生活費として計算すると良いでしょう。

◆（6）「教育費」欄：子どもの教育費をどこまでかけるかはご家庭次第ですが、一家の大黒柱を失ったときにどこまで親が負担するかを検討しましょう。【ステップ 4-2】（P.75）を見ながら子ども全員分をざっと見積もります。すでに貯めている額や親が亡くなっても入ってくる児童手当、払い込み免除になる学資保険などはそのまま準備できている額とし、その上で必要な分を計算します。

◆（7）「その他」欄：車を持ち続ける必要があるときは車の購入費用、一戸建ての場合は家の修繕やリフォーム費用などを想定しておきましょう。家の修繕費はかなりばらつきがあります。予想しにくい場合は500万円程度は見積もっておくと安心です。

◆（8）「葬儀代」欄：葬儀にかかる費用は地域や考え方によってばらつきがありますが、予測がつかないときは全国平均の200万円ほどを考えておくと良いでしょう。

## 65歳までに民間の生命保険で補う必要保障額を計算

### 夫が死亡した以降、入ってくるお金

| |  |  |  |
|---|---|---|---|
| (1) | 遺族年金 | 65歳までの遺族年金合計（P.99）から | 万円 |
| (2) | 退職金 | 夫の死亡退職金はいくらぐらいになりそうですか？ | 万円 |
| (3) | 収入 | 残された妻の収入はどれくらいになりそうですか？<br>手取り（年　　　）万円<br>×働く年数（　　）年＋（あれば）退職金 | 万円 |
| (4) | 資産 | 今、どのくらい資産がありますか？【ステップ1-1】（P.19）から | 万円 |
| | | 合計 | 万円 |

### 夫が死亡した以降、出ていくお金

| |  |  |  |
|---|---|---|---|
| (5) | 生活費 | 子どもを育て上げるまで＝末子が23歳まで：あと（　　）年×<br>生活費（Ⓓ月　　　）万円×12か月 | 万円 |
| | | 末子が23歳になり一人になってから65歳まで：あと（　　）年×<br>生活費（月　　　）万円×12か月<br>※生活費は上記Ⓓを80%程度に減らす | 万円 |
| (6) | 教育費 | 教育費はいくら準備しますか？<br>（【ステップ4-2】（P.75）教育費の目標額ー準備できている額）<br>×子どもの人数 | 万円 |
| (7) | その他 | その他、かかるお金はいくらですか？（車の買い替え、旅行等）<br>・車（　　）万円×（　　）回買い替え＝（　　）万円<br>・リフォーム（　　）万円×（　　）回＝（　　）万円<br>・その他（　　　）万円 | 万円 |
| (8) | 葬儀代 | お葬式はいくらぐらいを予定しますか？ | 万円 |
| | | 合計 | 万円 |

### 民間の生命保険で用意する必要保障額

| 夫が死亡した以降、入ってくるお金の合計 | | 夫が死亡した以降、出ていくお金の合計 | | 必要保障額 |
|---|---|---|---|---|
| 万円 | ー | 万円 | ＝ | 万円 |

【固定費の見直し②】

# 住宅・通信・車費を見直す

- □住宅ローンは条件変更も検討を
- □通信費は今の使い方をまず確認
- □車は1年当たりの負担を算出しましょう

## 住宅にかかるお金の削減

保険の見直し以外にも固定費の節約を見ていきましょう。家計の中でも大きな負担になることが多いのが住宅費です。

もし賃貸住宅に住んでいるなら、家賃の安いところに引っ越すことでかなりの節約ができます。また、手狭だから広いところに引っ越そうと考える前に、家を片付けて使いやすくすることで、今後の住居費が増えるのを抑えることができ、長い目で見ると効果的です。

住宅ローンを組んでマイホームを購入しているのならローンの見直しも有効です。

住宅ローンを節約するのに効果があるのはローンの借り換えですが、金融機関を変えて借り換えると諸費用がかかります。すでに借り入れの金利が低い場合は手数料を考慮するとトータルの支払い額が下がらないこともあるので、借り換えは手数料についても考慮し、引き落とし口座などのお金の流れが変わることも注意が必要です。

借り換えではなく同じ金融機関で借り入れ条件変更も検討してみましょう。借り入れの金利の優遇幅を増やしてもらうことができないか金融機関に交渉し、条件変更ができれば借り換えより少ない事務手数料で支払い額が下がることもあります。

**住居費を抑える方法**

【賃貸の場合】
- 家賃の安いところに引っ越しをする
- 駐車場・駐輪場などを解約できないか検討する

【住宅ローンの場合】
- 住宅ローンの借り換えをする
- 同じ金融機関で金利の交渉をする
- 繰り上げ返済をする

## 通信費の確認と削減

スマートフォンの普及で通信費が高くなっている家計もよく見かけます。スマートフォン代が夫婦で1万5,000円を超えているようなら見直しできないか確認を。格安SIM（シム）を利用することで通信費を半分以下にできるケースもあります。ひと月5,000円の節約でも年間だと6万円、10年間で60万円の支出を減らせます。「デジタルに疎くてよくわからない」と敬遠している方も多いのですが、この先も支出が続いていく固定費ですから、手間を惜しまずに調べたいところです。

まずは、次の表に記入して現状でどんな使い方をしているか調べてみて、同じ通信会社であってもプランの見直しができないか、格安SIMで同じことをしたらどの程度のコストダウンになるかチェックしてください。

**スマートフォン代の現状（一人分）を計算**

| | | |
|---|---|---|
| 本体の分割代 | 円 | （残りの回数　回） |
| 基本プラン料 | 円 | （契約容量　GB） |
| 通話料 | 円 | （平均通話時間　分） |
| データ通信料 | 円 | （平均利用量　GB） |
| オプションサービス料合計 | 円 | 内容 |

## 自家用車は「コスト減」より「手放す」ことを検討

子どもが産まれると移動に便利だからと自家用車を保有することが多いようで、子育て世帯の家計で大きな支出の一つが車です。また地域によってはそもそも車がないと日常生活が成り立たず、一人1台が当たり前というところもあります。

「夫の唯一の趣味だから」「思い入れがあって」「あると便利だから」などの理由でゆとりのための費用や娯楽と混ざりあっていることも多く、一度持つとなかなか手放しにくいものでもあります。

しかし、自家用車は一度持つと節約するのが難しい支出です。自動車税や車検代などは高くつくうえに節約できないし、ガソリン代の節約のために乗らないのならそもそも保有の必要性がありません。週末の買い物程度やたまのレジャーにしか使っていなければ車の費用は割高ですから、そんなときは「減らす」ではなく「手放す」ことを検討してみてください。車は購入時のコスト（イニシャルコスト）、保有・維持コスト（ランニングコスト）のどちらもかかりますが、家計の中でどれくらいの負担になっているかわかりにくいため、トータルのコストを数字で確認して判断しましょう。

## 自家用車の年間コストを調べる

次の表を使って自家用車の年間コストを調べるために、まずは「車の本体価格」を想定する使用年数で割ります。例えばトータルで 300 万円の車を 11 年間使用すると1年当たりの費用は約 27 万円です。

「車検整備代」は、初回以外は2年に一度行われるため、1回の費用を2で割り年間の費用を算出します。「その他の費用」も年間費用を出し、合計したものが1年間で車にかかる費用です。それを 12 で割って1か月単位で考えてみると、家計にどれくらいの負担があるかイメージしやすいと思います。

**自家用車１台の年間コストを計算**

| | | |
|---|---|---|
| 車の本体価格（１台分） | 万円 ÷ （使用年数） 年＝ | 円 |
| 車検整備代（１回） | 万円 ÷ ２年＝ | 円 |
| 自動車税 | | 円 |
| 任意保険 | | 円 |
| 駐車場代 | | 円 |
| ガソリン代 | | 円 |
| その他の費用 | | 円 |
| | 年間合計 | 円 |
| | 年間合計 ÷12 か月<br>（１か月当たりの費用） | 円／月 |

【固定費の見直し③】

# お小遣いを見直す

□お小遣いは最後に話し合いましょう
□夫婦ともにお小遣いを設定しましょう
□お小遣いで負担するものを取り決めましょう

## お小遣いの話し合いは一番最後に行う

家計の中でも夫婦間で不満の温床となりやすく、見直しの難しい支出の一つがお小遣いです。固定費の見直しや節約については話し合うことができても、お小遣いのことになるとつい話しにくく、うやむやになっているケースも見受けられます。話しにくい内容だからこそ話し合いのタイミングが重要です。

必須の支出がいくらあり将来の何のためにいくら預金が必要で、使えるお金は残りいくら。この中からそれぞれどれくらいお小遣いを取ろうか、という順番で話し合いましょう。

毎月使える金額は毎月○○万円で、その中から二人のお小遣いを決めようと思うんだけどどうしようか？

え？　そんなにちょっとしか使えないの？

今のほかのお金の使い方と将来の預金を考えるとそうなるんだけど、教育費を下げたり、車を手放したり、週末の外食をやめたりすればお小遣いの額は増やせるかも。どこかほかに減らせそうなところはあるかな？

うーん……。教育費は下げたくないし、家族そろって外食できるのも今ぐらいかもしれないしな。わかった、じゃあその範囲でお小遣いも考えよう。

ポイントはお小遣いとしてどれぐらいの金額が取れるのか、その根拠をしっかり数字で説明すること。そして一方的に決めるのではなく、相手にも判断してもらった上で納得して金額を決めていくことがとても大事です。

## お小遣いは手取りの１割をベースに話し合う

新生銀行の「2019年 サラリーマンのお小遣い調査」によるとサラリーマンのお小遣いの平均は3万6,747円となっています。

今、お小遣いが決まっておらず、家計の中に紛れ込んでしまっている場合は「おおよそいくらぐらいが個人的な支出なのか」を計算してみます。

お小遣いの額は収入や家計の状況によっても違いますから、まずは「手取りの１割を目安」に多すぎていないかチェックしてみてください。

## 夫婦どちらもお小遣い制にする

お小遣いで特に気を付けたいのは「妻の分」です。女性が家計を預かって管理しているケースでは「夫はお小遣い制」になっていることが多いのですが、妻はお小遣いがなく家計の中に個人的な支出が紛れ込んでいるケースがよくあります。これが実は家計の中でかなりの支出を占めていることが多いのです。

一方はお小遣い制でやりくりをしているのに、もう一方は家計の中に紛れて自由に使っているように見えると、お小遣い制のほうはどうしても不満を抱きがちです。

また、特にうやむやになりがちな支出は子どもにかかる費用に多く見受けられます。習い事や教材費とは違う「必要ではないが親の希望で買い与えたもの」「親の趣味で着せる洋服や小物」などが該当します。ほかには家族で使うものであっても、妻が好きで使う高価な石鹸などの日用品、情報収集という名のランチ会なども個人的な支出としっかり線引きせずに、うやむやに支払いがかさんでいきがちなものです。

## お小遣いで何を支払うかが重要

家族のためか個人のためかあいまいな支出を減らしていくためにお小遣いを設定することは必須ですが、その時に重要なのは金額よりも「お小遣いで何を支払うのか」という定義づけです。

前述のお小遣い調査では平均的なお小遣いの額は約3万7,000円でしたが、このお小遣いの使い道として、男性は昼食代・携帯電話代・嗜好品代・趣味の費用・車関係、女性は昼食代・携帯電話代・身だしなみのための費用・ファッション費用と続いています。

もしこれらの支出を家計で負担しているようなら、当然お小遣いの額は変わってくるはずです。金額を決めるときに必ずその中から何を支払うかを決めておきましょう。



**夫婦がそれぞれお小遣いで負担するもの**

- 昼食代
- 携帯電話代
- 嗜好品代（タバコ等）
- 趣味の費用
- 車関係費
- 飲み会代
- 身だしなみ費用
- お茶・ランチ代
- ファッション代

| （夫）お小遣いで負担するもの | （妻）お小遣いで負担するもの |
| --- | --- |
| | |
| | |
| | |
| | |
| | |
| | |

家計費で払うと決めたものは払い渋らないことが大事です。いちいち口を出されるのが嫌だと思うときは、お小遣いに含めてその中でやりくりするほうが気が楽なこともあるかもしれません。

家計で支払うものはもちろん「使えるお金」の範囲に収める必要があります。使えるお金には限りがあることを二人で共有した上で、優先順位をつけて何にいくら使うかを話し合いましょう。

※※※家計の見直しが終わったら※※※

お小遣いについて話し合えるところまで来たら、家計の問題はほとんど解決できるところまで来ているといえるでしょう。収入を増やす、支出を減らすなどの見直しが済んだら、【ステップ4-4】（P.80.81）の貯まる仕組みシートを書き換えます。家族の年齢や生活などが変わると収入や支出が変わってくることもあります。固定費が増えるときなどは収入と支出のバランスが崩れないか確認するようにしましょう。

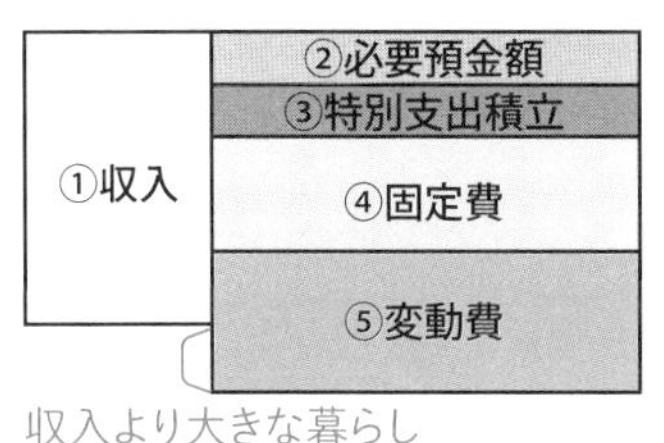


**収入増・支出減など家計を見直す**

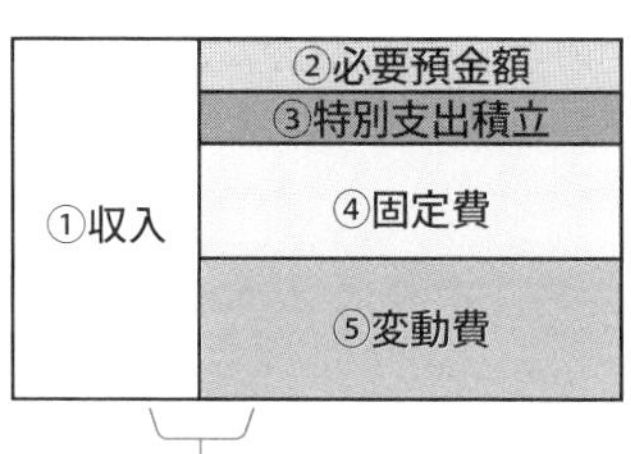

## 高額療養費のさらに上乗せ「付加給付制度」

健康保険では１か月の医療費負担の上限が決まっており、それを超えた分は後日払い戻されるものが高額療養費制度です。

また、全ての人ではありませんが、健康保険組合や共済組合によってはさらに上乗せで給付される「付加給付制度」があることもあります。

平均的な収入の場合、１か月の医療費負担の上限は９万円弱です。仮に窓口で 30 万円の医療費を支払ったとしても、あとから約 21 万円が高額療養費として払い戻される仕組みです。これに加えて自分が加入している組合に付加給付制度があるときはさらに払い戻しがあり自己負担が減ります。

**医療費の最終的な自己負担のイメージ**

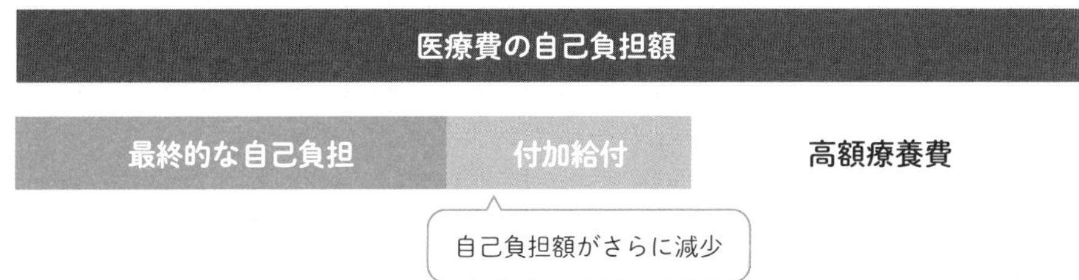


例えば地方職員共済組合では「高額療養費が支給されても、なお残る自己負担額が１件につき２万 5,000 円を超える場合は、その超えた額が一部負担金払戻金として支給されます」とあります。つまり、最終的な自己負担は２万 5,000 円ということですから、医療費の心配はかなり少なく済むことがわかります。

組合によって付加給付の計算方法や条件などは違いますから確認は必要ですが、これらの上乗せ保障がある場合は、民間の医療保険の必要性は下がります。

もちろん、定年退職などで健康保険が変わればこれらの制度は使えなくなりますが、現役世代はこれらの制度を有効活用することで保険料を抑えながら貯蓄を進め、退職後は貯蓄でまかなえるようにすることも可能です。

制度の名称は付加給付ではなく「一部負担金払戻金」などの名称のこともあります。加入する組合のウェブサイトなどでこのような制度がないか調べてみましょう。

# 第6章

# 夫婦で貯まる仕組みを作りたい方からのよくあるご相談

【ご相談①】

# 夫婦でお金の話ができません

□お金の話の前に日々の会話を大事にしましょう
□相手に合わせた説明をしましょう
□改めて話す時間を作りましょう

## 日々のコミュニケーションを確認する

ここからは共働き家計が貯まる仕組みを作る上でよくあるご相談を紹介します。

今後の家計のためにお金の話をしようとすると相手が急に不機嫌になる、何とかなると取り合ってくれない、どこから何を話したらいいかわからない。金銭的な問題よりこのような切実な悩みを抱えて家計相談に来る方も多いです。

家計を見直そうと張り切っていきなりお金の話をする前に、まずは日々のコミュニケーションが取れているか確認しましょう。コミュニケーションとは一人で決めたことを一方的に報告することではありません。日常的な出来事も、一人で解決して事後報告をするだけで完結していないか振り返り、相手の意見を聞き、双方向で話し合う習慣になっているかをまず確認しましょう。

## 相手に理解しやすい説明の仕方をする

家計について話をしていて、理解や納得のしやすさには男女差があるように感じます。女性はどちらかといえば「不安だ」とか「何とかしないといけない」「もう少し預金を増やしたい」「一緒に考えてほしい」というような抽象的な話をしがちです。

男性には具体的に何をしたらいいか伝わりにくいため、そのように言われると「収入が少ない」「使いすぎている」と責められているように感じるようです。

あくまで傾向ですが、男性は数字で説明するほうがより納得しやすいことも多いようです。感覚ではなく事実としてとらえてもらうために、妻が夫へ話をするときには「根拠」と「数字」を準備しておくことをお勧めします。「収入が○万円に対し支出が

□万円。△万円不足しているから、どこを調整すればいいか意見が欲しい」というように、少々ビジネスライクに提案するようにしてみましょう。

逆に夫から妻へお金の使い方を提案するときは、日常の生活で妻がどのようにお金を使っているのか、やりくりなどで大変に感じていることはないかをよく聞くようにするとスムーズに話し合いが進むかもしれません。

いずれにしても次の図のように相手をねぎらうことから始めることをお忘れなく。

**スムーズな話し合いのための3ステップ**

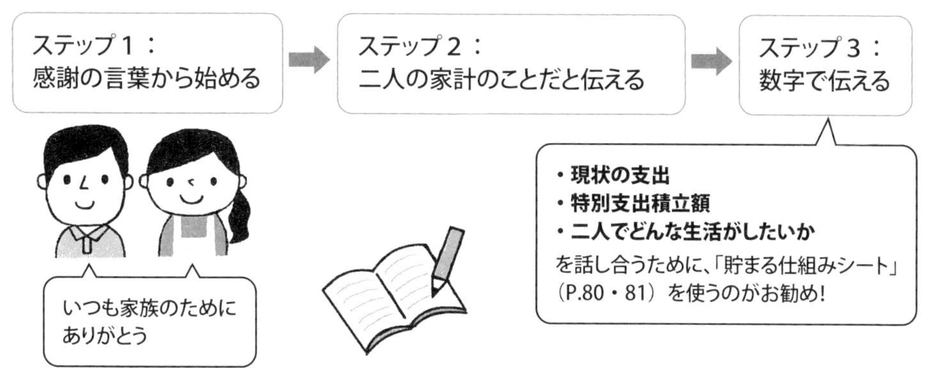


## 話す時間を予約する

日常の会話はできていても、子どもが小さかったり帰宅時間が遅かったりすると、改めてお金について話をする時間が取れないまま、うやむやになっているということもあります。相手が何かをしながら別のことを考えるのがあまり得意でない人だと、日常生活のついでに話し合う機会は取りにくいかもしれません。夜になるとお酒を飲んでしまって話にならなかったり、子どもを寝かしつけながら一緒に寝てしまったりという日が続くこともあるでしょう。

そんな時は、例えば「家計について大事な話がしたいから金曜日の夜に30分時間を取ってほしい」など前もって予約するのです。子どもの世話などがある場合は、その一部を代わりに引き受けるなどして時間を作る協力も必要です。話し合いは一度で全てを解決しようとせず「今回はこの件について」など小分けにするのも良いでしょう。

もし残業続きでとても疲れている、体調が思わしくないというようなときはお金の話をするタイミングではありません。後日、落ち着いてからのほうが建設的な話し合いになるのは言うまでもありません。

【ご相談②】

# 「妻の稼ぎは全部預金」という方法はどうですか？

□預金はどちらか一方に集めすぎないようにしましょう
□一方に集めると起こりうるトラブルを考えましょう
□夫婦の年収の比率と預金の比率を合わせましょう

## 「妻の収入を全部貯める」という落とし穴

共働きで、夫の収入で暮らし妻の収入は全額預金するという一見良さそうなこの貯め方、実は少し危険です。

共働きのご家庭の場合、収入は全て「家族のもの」として考えるという原則をお伝えしましたが、口座に入っているお金はあくまで口座名義人のもの。どちらかの名義の口座だけ貯まっていくと思わぬトラブルが起こるかもしれません。気を付けたい3つのケースを次にご紹介します。

## ケース１：住宅ローンを繰り上げ返済する場合

夫名義で契約した住宅ローンの繰り上げ返済を計画することもあるでしょう。そんな時に、妻の名義で貯めていた預金から、まとまった額を繰り上げ返済に充てると「妻が夫にお金を贈与し、夫がそのお金でローンを繰り上げ返済する」とみなされてしまいます。年間110万円までの贈与は贈与税がかかることはありませんが、それ以上の金額を妻の預金から繰り上げ返済するのは十分に気を付けましょう。

## ケース２：万が一のことがあった場合

死亡するとその本人の口座が凍結され、相続の手続きが終わるまで使えなくなるので、自分名義の預金がほとんどない状態で相手に万が一のことがあった場合に、お金を使うのが難しくなります。

口座凍結後も手続きをすれば多少は引き出すことができるとはいえ、家族が死亡するという一大事にそのような手間をかけるのはできれば避けたいものです。



## ケース3：離婚の可能性がある場合

万が一ではなくとも、離婚や別居の可能性が出たときもトラブルになることがあります。何らかの理由で妻が子どもを連れて離婚するようなことが起きたとき、あるいは家庭内暴力などでやむを得ず急に家を出る必要があったとき、妻が引き出して使えるお金がないと困ってしまいます。別居期間中も話し合って婚姻費用や子の養育にかかる費用を受け取ることができればいいのですが、そうできない状況も考えられます。それほど可能性の高いことではありませんが、起きてしまってからは取り返しがつかないので、預金の配分も計画しておきたいところです。

## 年収の比率で貯蓄の比率も決めておく

預金はできる限り夫婦それぞれの年収の比率で行うと安心です。ボーナスの有無や金額によって年収の比率と月収の比率は違います。おおよそで構いませんので、年収の比率で預金の比率も決めておきましょう。

### 収入の比率の計算

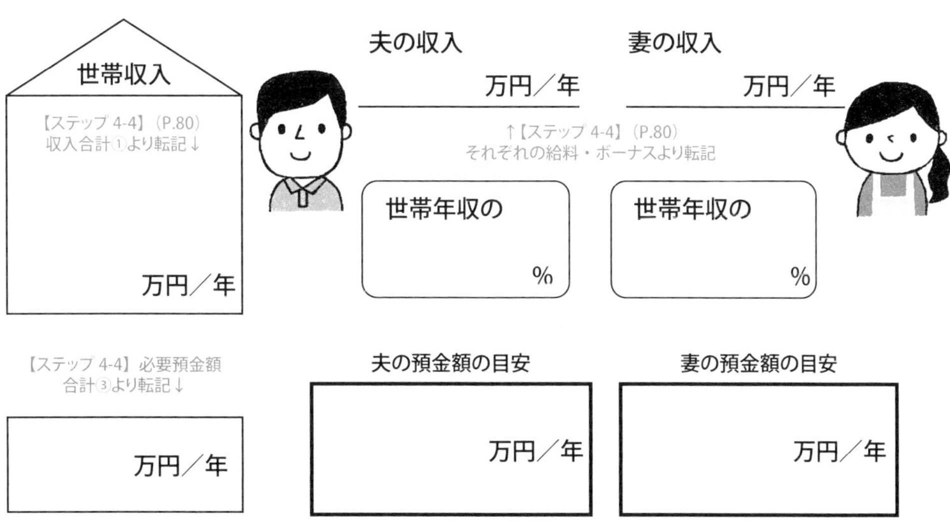

【ご相談③】

# ローン（借金）は、ないほうがいい？

□家計にあって良いローンと悪いローンがあります
□お金を借りてまで必要か考えましょう
□ピンチに強いのはローンのない家計

## 住宅ローンは比較的良い借金

借金という言葉にはあまり良くないイメージが付きまといます。多くの人が「借金＝悪」という印象を持っているのではないでしょうか。しかし、FP相談を受けていると多くの借金を抱えているにもかかわらず、それらを借金と感じていない人が多くいるように見受けられます。例えば「住宅ローン」「リフォームローン」「自動車ローン」などをはじめ、「家電ローン」「資格ローン」「デンタルローン」などの多目的ローン、また「奨学金」「教育ローン」クレジットカードの分割払いやリボ払いも借金に違いありません。見逃されがちではありますが、生命保険からお金を借りる「契約者貸付」なども家計から見ると借金に分類して良いでしょう。

もし借金が一律に悪いものだとすると、多くの人はマイホームを持つことができなくなります。目的や金額などを考えると、しっかりと計画された住宅ローンは借金の中でも合理性が高いものといえます。もちろん利息を考えると、ないに越したことはありませんが、住宅ローンは家計にあってもいいローンといえるでしょう。

## 借りてまで必要なものですか？

消費のための借金は悪い借金のことが多いため、極力ないほうがいいでしょう。車・リフォーム・家電・美容矯正等々、これらは「お金を借りてまで」しなければならないものでしょうか。お金を借りてまで身の丈以上のことをしようとする体質は、家計を健全に運営していく上でとても危険な考え方です。そもそもお金を借りてまで必要なものはそう多くありません。「便利」「楽」「見栄」にお金を払ってもいいのは、家計にゆとりがある人だけのはずです。

車がないと暮らせない地域に住んでいるからと、車をローンで買うことが当たり前になっている家計もありますが、車が必要な地域に住み続けるのならなおさら、車は借り入れをせずに購入できるだけのお金の準備が必要。必須の家電がいつか壊れることは想像できますから、そのためのお金を用意していかなければいけません。「必要なものは借りずに買えるように準備をする」「借りてまで必要かどうか冷静に考える」これが家計を健全に整えていくために必須の要素です。

**借金のマルとバツ**

【良い借金】

- 預金の邪魔をしない程度の金利
- 確実に返せる金額
- お金を借りることでリターンが生み出せる

【悪い借金】

- 高い金利
- 返済が家計の負担になる金額
- 娯楽の要素が強い
- 準備不足による借り入れ

## ピンチに強いのが「無借金家計」

住宅ローンも自動車ローンも「来月も給料がもらえること」を大前提にお金を借りています。ですが、長い人生の中では急に給料が減ったり、仕事を辞めることになったりすることもあるかもしれません。どんなに本人が気を付けていたとしても、勤め先の倒産や自然災害などはないとは限りません。特にこれから出産予定がある夫婦は、出産後の子どもの様子や妻の体調によっては、妻の収入が減る可能性があることも十分考慮しておきましょう。

お金を貯めて買おうと思っていたものがあるとしたら、収入減により少しの間預金ができなくなったとしても大きな問題ではありませんが、借金をして先に買ってしまった場合は借りたお金は返さなければならないのです。ローンを組んだときからずっと変わりなく給料があるうちは問題になりませんが、収入が減るなどのピンチにこそ「無借金」の家計の強さがわかります。

預金を減らさないためにローンを組むという考え方は一理あるかもしれませんが、減ってしまったら不安と感じるぐらいの預金のうちにお金を借りてまで手に入れる必要のあるものかはよく考えて、ローンと付き合う必要があるでしょう。

【ご相談④】

# 金額が予測しにくい支出はどうしたらいいですか？

□会社経費の立て替えは個人口座でしましょう
□クレジットカードも個人用を持ちましょう
□家族への支出か個人への支出か線引きしましょう

## 予測できない支出を減らしていく

せっかく予算を立てて管理していたのに予測できない支出で計画通りにいかず、ストレスが溜まるというお悩みもよくうかがいます。

計画外のことが起こりがちなものにあるのが、「会社の経費の立て替え」や「個人の買い物」などです。お金を計画的に使い、貯めていくためには出ていく金額を想定し、できる限り計画外の出費をなくして「固定費化」していくことがポイントです。

## 会社の経費は個人口座で完結させる

出張など仕事での立て替え金額が大きくなると家計管理がしにくくなります。

この管理のしにくさを解消するために、立て替えは家計の口座ではなくそれぞれ個人口座で行いましょう。精算金が給料と一緒に振り込まれる場合は、給料日に立て替え分を個人口座に移動します。毎月お金を移動するのが大変なら、昨年１年間の立て替え総額を確認し、発生する可能性がある立て替え額をあらかじめ個人口座に入金しておきます。可能なら会社からの精算金の振り込みもその個人口座に入るようにすれば、残高に少し余力を持たせておくだけでお金の移動がいらなくなります。

**昨年をベースにした立て替える可能性がある金額**　※１年間または、一定の月数で区切る

| 夫 | 妻 |
|---|---|
| 円 | 円 |

# クレジットカードは個人用を持つ

個人の買い物をクレジットカードであれこれ買っていて気づいたら請求額が大きくて驚いた、というようなこともよくあります。せっかくお小遣いを決めて家計のお金と区分けしてもカードの請求で混ざってしまっては本末転倒。頻繁にカードで個人の買い物をするのなら、個人口座から引き落とされるカードを持ち、お小遣いの範囲でやりくりしましょう。

家族と個人でカードを２枚持つのは面倒だと思うかもしれませんが、１枚のカードで個人の支払いと家族の支払いが混ざると、いちいちカードの明細書を確認してお金を動かすことになります。「支払う時点」ではなく「使う時点」で分けてしまうほうが、夫婦それぞれに干渉することなく楽に管理ができます。

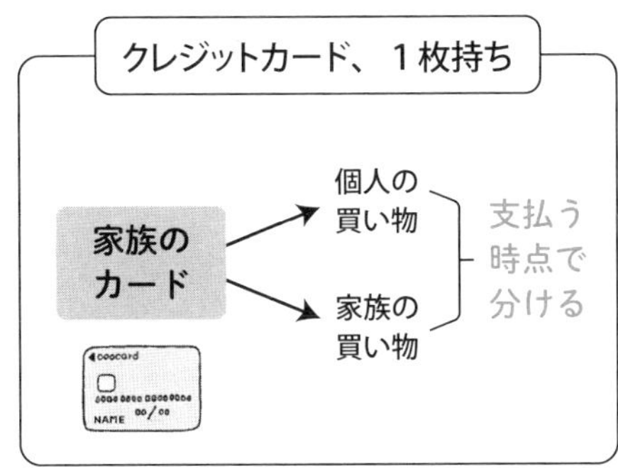


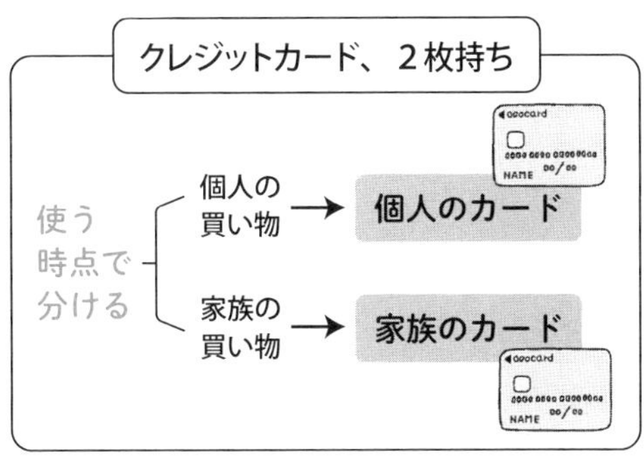


# 「家族？　個人？」の意識が節約に

逆に個人の口座から落ちるカードで家族に必要なものを立て替えて買っていたら、それはすぐに家計からお金を支払うようにしましょう。お互いに不都合がないなら月に一度などまとめての精算でも構いません。この時のポイントは払い渋らないことです。立て替えたのに払ってもらえないということがあると、とたんに信頼感は失われ、この方式の運営がうまくいかなくなるからです。

ただ、家庭に必要と思えないものを相談なく買っているようなら「それは家計のお金からは払えない」と話し合いが必要です。子ども関係の支出によく起こりがちですが、可能なら買う前にお互いが声を掛け合うといいですね。この支出は家族のためのものなのか、それとも個人的なものなのか、と考えるクセがつくことで節約につながるケースも多いのです。

【ご相談⑤】

# クレジットカードとの上手な付き合い方は？

- □クレジットカードは支出の管理が難しい
- □カードを持つ場合は少数精鋭にしましょう
- □1年ルールでポイントを整理しましょう

## 貯まらない家にクレジットカードはいらない

同じ支払いならポイントを貯めるためにクレジットカード払いにしたほうがいいと考えたものの、管理がうまくいかず請求に追われるというご相談もあります。

筆者は「お金が貯められない家庭」にはクレジットカードは不要だと考えています。「クレジットカードで支払った1,000円も現金で支払った1,000円も同じ」「同じ額を払ってポイントが貯まるならカードのほうがいい」といえるのは、家計が整い、預金ができている家庭だけ。カードに限らずポストペイ（事前にチャージが不要）の電子マネーなども同様です。

**クレジットカードや電子マネーの管理が難しい理由**

- **現金と違い手元からお金がなくならない**
- **毎月の決めた予算に対して、残りいくら使えるのかがわかりにくい**
- **使った時期と支払い時期がずれる**

管理がうまくいかない家計では、手に入れられるポイントよりも管理の煩雑さや無駄な出費で失うものが多いのです。

以前、ポイントを貯めるために食料品や日用品もカードで支払っていた相談者に、一度カードの使用をやめてもらいました。すると支出への意識が高まり、わずか1か月で支出が月に10万円近くも減ったのです。

とはいえ、今や生活に当たり前のように組み込まれているクレジットカードを一切やめ、完全に現金で暮らしていくというのは合理的ではありません。通信費や保険料などの固定費の引き落としや個人のお小遣いの買い物に使うのは良いでしょう。

## カードを使うなら現金を取り置きする

どうしてもクレジットカードのポイントを貯めたい場合は厳選したものを選び１・２枚程度にしましょう。「このスーパーではこのカード」「ここはおむつが安いからこのカード」「映画を見るときはこのカード」などのように分けていると、請求日や支払日がずれて管理しにくくなるだけではなく、結局ポイントも貯まらなくなります。

とはいえ、インターネットショッピングなどはカードがないと買いにくいこともありますし、電子マネーを使うことで節約になることも確かにあります。カードを使うときは「上限を管理する」などして無頓着に使わないようにしましょう。

貯まる仕組みが出来上がっていれば、変動費として使える額が明らかになっているはずです。その金額の範囲で「電子マネー」「クレジット」「現金」などの支払い方法を選んでいると考えれば使いすぎることはありません。

支払い方法がばらついて上限管理がしにくい、ついつい使いすぎてしまうようなら、やはり現金払いにするか、カードを使うつど現金を取り置きする「みなし現金払い」がお勧めです。みなし現金払いは、現金で払ったつもりでお財布から現金をよけておき、カードの引き落とし前にまとめて銀行に戻す方法です。端数にこだわると面倒になるため1,000円単位でも構いません。こうすることでカードを使っても実際にお財布から現金が出ていくため、今までと同じようにカードで買い物をしようとすると「こんなに使っていたのか」と驚くこともよくあるのです。

カードを使うたびにいちいち現金をよけるのは面倒と思うかもしれませんが、その面倒さが「今買わなくてはいけないものか？」と考えるきっかけになり、無駄な支出の抑止力になります。

### カードを使いすぎないための２つの工夫

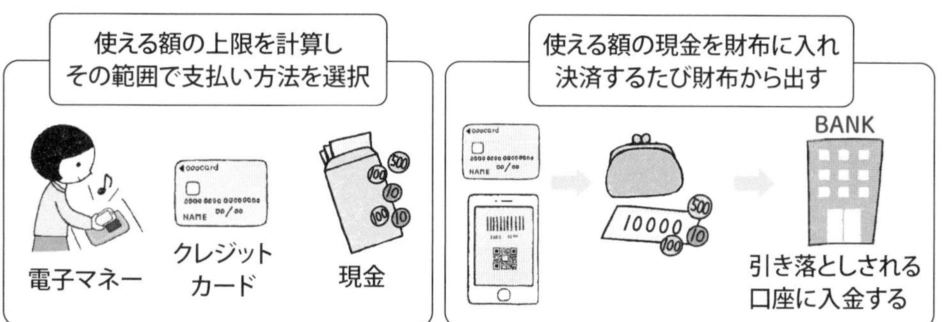

【ご相談⑥】

# 扶養内で働くときの〇〇万円の壁とは何ですか？

□税金と社会保険の壁を理解しましょう
□世帯全体での影響を計算しましょう
□目先の損得だけでなく長い目で考えましょう

## 「扶養」には二通りある

「扶養内で働くならいくらまでが得なのか？」「扶養内でいられるのはいくらまで？」といった内容もよく聞かれる相談の一つです

扶養には「税金の扶養」と「社会保険の扶養」があります。この2つを分けながら、給料収入における「〇〇万円の壁」といわれる数字を整理してみましょう。

なお、ここではイメージしやすいように「夫の扶養に入る」と書いていますが、逆の「妻の扶養に入る」であっても同じです。

## ３つの税金の壁

まずは税金の扶養についての壁です。税金の扶養に入れるかどうかの収入は「1～12月の収入の結果」で判断します。

**◆103万円の壁**

昔は扶養といえば103万円の壁といわれており、夫の税金の控除を受けられる金額がこの103万円でした。「103万円までの収入の妻を養っているときは税金を優遇しましょう」という制度です。今は法律の改正があり150万円までは同じだけ夫の所得から控除されるので、扶養についてはこの103万円の壁はなくなったといっても良いでしょう。

ただし、103万円を超える収入があると、超えた分は自分に所得税がかかります。つまり103万円の壁というのは「自分に所得税がかかりだす壁」ということです。

### ◆150万円の壁

税金上の扶養は、わかりやすくいえば「完全扶養」と「一部扶養」に分かれています。完全に扶養に入っていられる収入が150万円です。この額を超えると一部扶養の状態になり、妻の収入が増えるにつれて「扶養されている度合い」は下がっていきます。その分だけ夫の控除が減っていきます。いきなり控除がゼロになるわけではありませんから、150万円を少しでも超えるといきなり夫の税金が大幅に増えるということではありません。

### ◆201万円の壁

一部扶養でもなくなるのがこの201万円の壁です。この額を超えて働くと税金上では夫は妻を養っていないことになります。201万円というと月に16万円以上。育児休業などで一時的に収入が減って一部扶養の対象になっているのに、それを知らずに扶養に入る手続きをしていないこともあるので注意しましょう。次に説明する「社会保険の扶養」は外れていたとしても、税金の扶養になることはできます。

これら税金上の扶養は、夫の給与収入が1,095万円を超えると控除の額が変わってきます。また、妻の収入には交通費や育児休業給付金、失業給付などは含まれません。

産休や育休の間は扶養には入れるケースもよくあるので、必ず一年の終わりに自分の収入を確認するようにしてください。

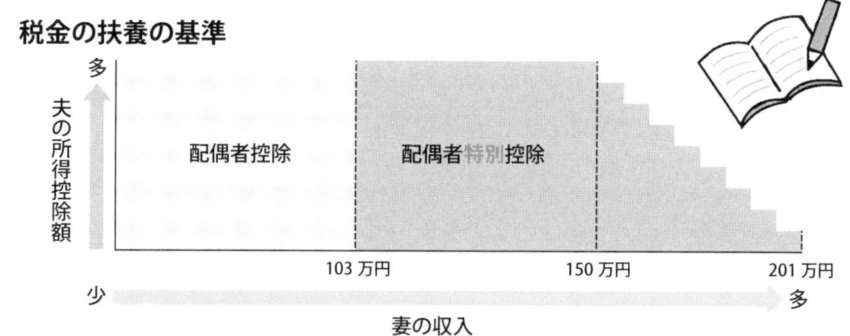


## 2つの社会保険の壁

ここからの数字は社会保険の扶養に関する壁です。社会保険の扶養を考えるときの収入の判定期間は、税金の扶養のときのように「1～12月の結果」という区切りではありません。基本的に「向こう1年間の年収見込み」で判定されます。また、加入している健康保険の組合が最終的な判断を下すので、全員が一律のルールでないことにも注意が必要です。

### ◆106万円の壁

パートタイマーの社会保険は、パート先の正社員の４分の３以上の日時を働くと加入することになっていますが、次の５つの条件を全て満たすとパートでも社会保険に加入し、会社と折半で健康保険や厚生年金を支払います。

**パートタイマーの社会保険加入条件**

**①正社員が 501 人以上（2022 年からは 101 人以上）**
**②収入が月８万 8,000 円以上（年間で約 106 万円）**
**③雇用期間が１年以上**
**④所定労働時間が週 20 時間以上**
**⑤学生ではない**

実は「106 万円」という数字は目安で、月の収入が８万 8,000 円以上というのが本来のルールです。この収入は結果として８万 8,000 円を超えたかどうかではなく、契約上の時給や時間数などから今後の見込みで判断されます。これらの条件に該当し、自分が社会保険に加入すると夫の扶養を外れることになります。

### ◆130万円の壁

夫の健康保険の扶養でいられる目安が見込み年収 130 万円です。こちらも過去の結果としてではなく、これから向こう１年間の見込みで判断され、交通費などの収入を含んだ金額で判定されます。

130 万円を 12 で割った月額 10 万 8,334 円が一つの目安となり、これを超えると社会保険の扶養から外されることが多いです。

106 万円の壁のないパート先では 130 万円を超えて働き、夫の扶養を外れても、パート先で社会保険に加入できないこともあります。その場合は自分で国民健康保険と国民年金に加入することになります。

**扶養の「壁」まとめ**

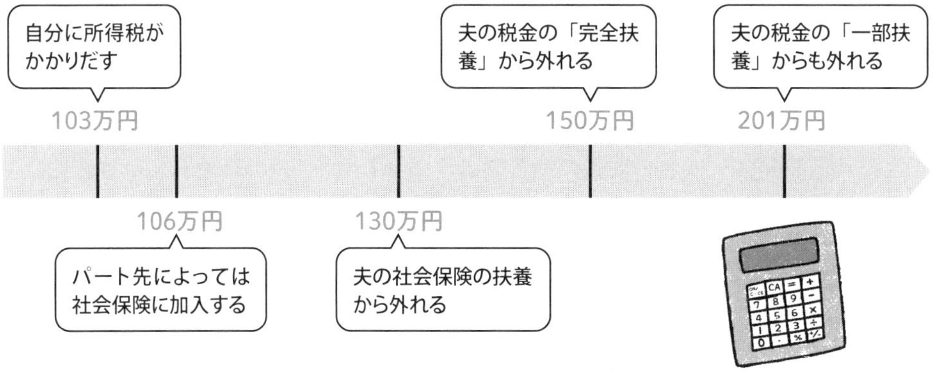

## 家族手当も確認しましょう

税金や社会保険の扶養以外にもしっかり確認しておきたいのは、実は「夫の会社から出る家族手当」です。手当ての名称は、家族手当・扶養手当・配偶者手当などいろいろで、金額も会社によって違います。

特に子どものための手当てと、配偶者のための手当てが一緒に支給されているときは、「いくらが子どもの分」「いくらが妻の分」と確認をしておく必要があります。

また、この会社の手当てが支給される要件も「妻の収入が 103 万円」だったり、「130 万円（社会保険の扶養内）」だったりと、違いがあります。

配偶者への手当ては年々縮小傾向ですので、就業規則や雇用契約書を確認したり、会社の総務などに尋ねるなど最新状況を確認してください。

**家族手当ての支給基準**

| 配偶者に対する手当てがある会社 | 配偶者の収入の基準 | | |
|---|---|---|---|
| | 103 万円以下 | 130 万円以下 | 150 万円以下 |
| 63% | 52% | 34% | 7 % |

（出典）2019 年職種別民間給与実態調査より著者作成。

## 長い目で見て「損得」を考える

扶養を抜けて働くことで税金や社会保険料の支払いが発生し、扶養を抜ける前よりも世帯の手取りが減ってしまう、いわゆる「働き損」になることがあります。

働き損にならない金額は、夫の収入やパート先で社会保険に加入するかなどによっても違ってくるので一概にはいえませんが、一般的には 160 万円程度が区切りになります。

働き損を計算するときにもっとも影響があるのは実は税金や社会保険負担ではなく、配偶者への手当ての有無なので、世帯での変化をチェックして考えましょう。

ただし、一時的に働き損になったとしても、妻が扶養を抜けて社会保険に加入することで、万が一の遺族年金や障害年金などの公的保障が増えたり、老後の妻自身の厚生年金を上乗せして作ったりすることができる側面もあります。目先の手取りの「損」だけでなく長い目で見ての判断が大切です。

【ご相談⑦】

# 教育費は学資保険で貯めたほうがいいですか？

- □学資保険は必須ではありません
- □外貨建てや変額保険は仕組みを知ってから使いましょう
- □払う期間と受け取り時期に注意しましょう

## 学資保険に入るなら元本割れしないものを

学資保険は子どもの教育費を準備するために昔から利用されてきました。「教育費＝学資保険」というイメージがあるためか、子どもが産まれたら加入しなければいけないのかと心配するご相談もあります。

学資保険は「保険」とついていますが、一般的には保険の機能より貯蓄性を求めて加入していることがほとんどです。預金より増えることで人気でしたが、近年の低金利では増える機能はほとんど期待できなくなっています。何を求めて学資保険を利用するかにもよりますが、教育費を準備するために必ずしも学資保険に加入する必要はありません。

もし学資保険に加入するなら、元本割れしないためにも払込金額が祝い金や満期保険金などの総額を超えるものを選びましょう。最低でも元本以上になれば、親の万が一の時の教育費の準備ができる保障を兼ねた上で、定期預金などで教育費を準備するより有利なこともあります。

## 外貨建て・変額保険は注意が必要

最近の保険販売の傾向として学資保険の代わりとして「外貨建ての終身保険」や「変額保険（有期型）」を学資用にと保険会社から勧められることもあるようです。

外貨建ての保険は円建ての保険より高い返戻率が期待できるため一見良さそうですが、学資として使う場合はいくつか注意が必要です。外貨建ての保険は円安や円高など為替の影響を受けます。高い返戻率や元本割れしない時期が「外貨で計算したとき」

となっているときは日本円でも元本割れしないとは限りません。受け取り時期の為替を予測するのは難しく、実際に2000年代からでも1ドル125円台（2002年）から79円台（2011年）と大きく動いています。

保険の中で株や債券などの金融商品で運用する「変額保険」も同様に学資金の準備として使うには注意が必要です。変額保険は運用の成果によって受取額が変動するため、掛金以上に増える可能性もありますが、運用成績が良くないと受取額が掛金を下回ることがあります。運用は自己責任になりますので最低何％で運用できたときに元本を割らないかなどをしっかり把握した上で、必要な資金が足りなくならないようにする計画が必要です。

**変額保険の仕組み**

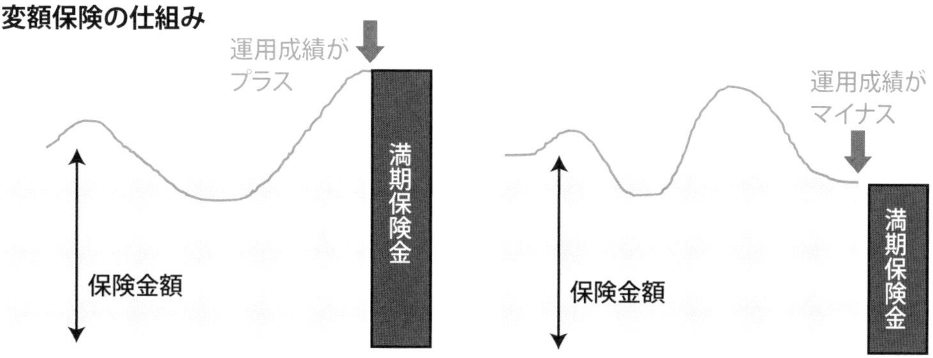


## 受け取れる時期に気を付ける

学資のための保険は「何歳まで払うか」「何歳で受け取れるか」が大事です。

円建ての学資保険の場合「10歳までに払い込む」「17歳まで払い込む」などいくつかに分かれていて、短い期間で払い込み、据え置き期間が長いほど返戻金は増えていきます。

受け取りについても18歳で満期保険金として受け取るタイプや、中学入学・高校入学のタイミングで祝い金を受け取るタイプ、18～22歳まで分割して受け取るタイプなどがあります。入学費用に使いたいと思っていても20歳まで返戻率が100％を超えないものだと予定がずれてしまうこともあるかもしれません。

外貨建てや変額保険も同様に為替の値動きや運用の成果によって、希望していた時期に学資に充てられなければ意味がありませんから、家計の状況に合わせて保険以外でも貯めていくなど計画的に準備したいところです。

[著者プロフィール]

**塚越 菜々子（つかごし・ななこ）**

株式会社KANATTA代表。ファイナンシャルプランナー（CFP®）、１級ファイナンシャル・プランニング技能士、公的保険アドバイザー。
税理士事務所で10年超勤務。延べ500社以上の決算業務や確定申告に携わる。会社の労務・税務にかかわる中で、一般生活者のマネーリテラシーの底上げの必要性を実感し、2016年にファイナンシャルプランナー（FP）として独立。保険や金融商品を取り扱わない独立系FPとして、主に共働き世帯の女性を中心に年間200件の家計相談を行う傍ら、運用経験の全くない女性向けの確定拠出年金・つみたてNISAセミナーや、公的年金セミナーなど多数開催。YouTubeやSNS等でもわかりやすい情報を積極的に発信している。

- オフィシャルサイト「ママスマ・マネー」
  https://mamasuma.com/

本文DTP　平野 直子（株式会社 デザインキューブ）
本文デザイン　大悟法 淳一、大山 真葵（株式会社 ごぼうデザイン事務所）
本文イラスト　加藤 陽子

**書けば貯まる！**
**共働きにピッタリな一生モノの家計管理**

2020年12月７日　初版第1刷発行

著者　塚越 菜々子
発行人　佐々木 幹夫
発行所　株式会社 翔泳社（https://www.shoeisha.co.jp）
印刷・製本　日経印刷 株式会社



本書へのお問い合わせについては、8ページに記載の内容をお読みください。

造本には細心の注意を払っておりますが、万一、乱丁（ページの順序違い）や落丁（ページの抜け）がございましたら、お取り替えいたします。03-5362-3705までご連絡ください。

ISBN978-4-7981-6724-4　Printed in Japan